愛因斯坦格言集

林郁 主編

前　言

　　阿爾伯特・愛因斯坦（Einstein, Albert, 1879.3.14日～
1955.4.18）是二十世紀最偉大最有影響、舉世景仰的自然
科學家和傑出的思想家。他品德高尚，具有高度的社會責
任感，對現代科學有著開創性的、最偉大的貢獻。

　　一八七九年三月十四日，愛因斯坦生於德國西南古城
烏耳姆的一個猶太人的家庭。父親海爾曼・愛因斯坦是小
生意人，母親酷愛文學，更愛音樂。愛因斯坦小時候並不
是一個聰明的孩子，三歲還不會說話，六歲上學後還不能
回答老師的簡單提問，在學校經常受罰，也受到同學們的
譏笑。

　　五歲那年，父親給他買了一個小指南針，使小愛因斯
坦著了迷，他端詳它、轉動它，但不管怎麼擺弄，靜止
時，它的小針總是回到原來的指向。這奇特現象，引起了
他的極大興趣和驚異，激起了他探索自然奧祕的強烈願
望，驅使他走向科學的殿堂。

　　在學校裡，愛因斯坦由於厭惡死記硬背的學習方法，
於一八九四年（十五歲）主動中途退學；一八九七年他進

入瑞士蘇黎士工業大學學習。在入學之前，他自學了包括微積分原理在內的基礎數學，還大量閱讀了很多科學通俗讀物。進入大學以後，他不但攻讀了理論物理學，還比較系統的學習了康德的《純粹理性批判》以及其他哲學家的哲學名著。

　　一九〇〇年，愛因斯坦取得了大學畢業文憑；翌年二月，取得瑞士國籍。在一九〇五年三月至九月這關鍵性的並有轉折性的半年內，他的科研工作突飛猛進，在三個不同領域，取得了突破性的重大貢獻：完成了〈狹義相對論〉、〈光電效應理論〉和〈布朗運動理論〉。這在世界科學發展史上是沒有先例的。這三個劃時代的偉大成就，震驚了全世界。

　　一九一四年，他成為柏林普魯士皇家學院的院士，研究〈廣義相對論〉，於一九一六年寫出論文〈廣義相對論基礎〉。他的相對論在科學史上矗立了一塊新的里程碑。一九一七年他發表了〈根據廣義相對論對宇宙學所作的考查〉的論文，受到科學界的高度重視，被認為是現代宇宙學的開創性文獻。

　　一九二一年，由於他對世界科學的卓越貢獻，榮獲諾貝爾物理學獎。一九二四年，他發現德布羅意提出的「物質波假說」後，立即利用這個假設研究原子理論氣體的量子理論。並和印度著名的物理學家玻色一起，建立了玻色——愛因斯坦量子統計理論。

由於德國法西斯分子的迫害，他於一九三三年十月定居美國，任新澤西州普林斯頓高級學術研究院教授，研究新的「統一場論」。這一新的研究工作，幾乎耗去他後半生的全部精力，一九五五年十月十八日，這顆世界科學巨星隕落了。

　　愛因斯坦從小喜愛哲學，專門研究了一些著名哲學家的著作。他的哲學主導思想是唯理論的唯物論。正是這種哲學思想，使他不苟同於以玻爾為首的哥本哈根學派對量子力學的解釋，並能夠堅持與他們長期論戰。

　　他先後生活在德國和美國，親身經歷了兩次世界大戰，目睹了科學技術在戰爭中給人類造成的巨大破壞和犧牲。愛因斯坦一心希望科學要造福於人類，而不要成為禍害；一貫反對侵略戰爭，民族壓迫和種族歧視，為人類和平和進步事業進行了堅決的抗爭。凡是他所經歷的重大事件，都能公開表明自己的態度；凡是他所了解到的政治迫害，都公開譴責。否則，他就覺得「在犯同謀罪」。他反對戰爭，擁護和平；反對專制，擁護民主；反對侵略，擁護獨立。這是他的明確的社會觀。

　　一九三一年中國東北「九一八」事變後，他呼籲各國，要用聯合國的經濟抵制去制止日本軍國主義的對華侵略。一個在自然科學創造上有重大貢獻的偉大科學家，對待政治、社會問題的態度如此嚴肅、熱情、認真，這在歷

史上是極為罕見的。

　　愛因斯坦從青年時代起，就自稱社會主義者。雖然他的一些論點和馬克思主義並不符合，但不少見解是一語切中時弊，十分有價值的。比如，他在論文〈為什麼要社會主義〉一文中提出「計劃經濟還不是社會主義」的論斷，並提出防止行政人員權力過於集中和杜絕傲慢自負，保證清政廉潔。

　　愛因斯坦常說他有很深的宗教感情，有的人認為他是神學的俘虜，這是錯誤的。他對宗教的發展曾經進行過歷史的分析，認為它經歷三個階段：即恐怖宗教、道德宗教和宇宙宗教。但他只肯定宇宙宗教，並具有特定的含義。愛因斯坦以虔誠深摯的熱情追求真理，主持正義；他襟懷坦白，表裡如一，境界高尚。一切享樂、自私、專橫都與他無緣。他具有真正的科學家的高貴品格。

　　然而，愛因斯坦不僅僅是位科學家，他同時又是一位偉大的思想家，他對科學，對社會，對哲學，對真、善、美，有許多精闢的見解。他反對偶像崇拜，厭惡阿諛奉承。他對自己被別人作為崇拜的偶像，感到十分不安。他認為：「讓每一個人都作為個人而受到尊重，而不讓任何人成為崇拜的偶像。」以及「我自己受了人們過分的讚揚和崇敬，這不是由於我自己的過錯，也不是由於我的功勞，而實在是一種命運的嘲弄。」

一九〇一年到一九五五年的五十餘年中，愛因斯坦先後發表專門性論文二百餘篇，一般學術著作一九〇餘篇，社會政治言論和通信四百餘篇。他的著作之多，影響之大，只有牛頓和哥白尼才能與之相提並論。

　　本書由愛因斯坦文集精選摘出分類，讀者可從中領略愛因斯坦的科學觀、道德觀、宗教觀、人生觀和社會觀，了解他在重大歷史事件中的基本立場和態度，以及他的各種言論思想。由此書我們將可看出愛因斯坦一生中的真實面與其充滿睿智的人生哲學！

CONTENTS

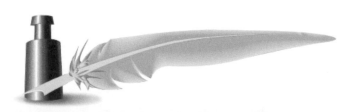

CONTENTS

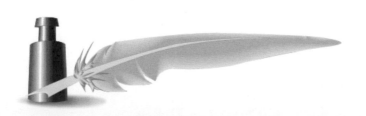

PART 1

愛因斯坦談「人生」

人生的意義

一個人的真正價值首先決定於，
他在什麼程度上和在什麼意義上從自我解放出來。
——《人生的真正價值》，《文集》第三卷

一個人只有以他全部的力量和精力致力於某一事業時，
才能成為一個真正的大師。
——《愛因斯坦通信選》

一個人對社會的價值，
首先取決於他的感情、思想和行動，
對增進人類利益有多大作用。
——《社會與個人》，《文集》第三卷

人只有獻身於社會，

才能找出那短暫而有風險的生命意義。

——《愛因斯坦通信選》

凡是對人和人類生活的提高最有貢獻的人，

應當是最受愛戴的人，

這在原則上是正確的。

但如果人們進一步問這些人是誰，

那就會碰到不小的困難。

對於政治的甚至宗教的領袖來說，

他們所做的究竟是好事多還是壞事多，

往往很難有定論。

——《善與惡》，《文集》第三卷

凡是認為他自己的生命和人類的生命是無意義的人，

他不僅是不幸得很，

而且難以適應生活。

——《人生的意義》，《文集》第三卷

一個人的興趣愛好極其深邃，

以致他與別的人多少有點疏遠，

這也是件好事，否則的話，

就很難保持這種生活的樂趣。

——《我還是以昔日的喜悅努力鑽研問題》

對我來說，

生命的意義在於設身處地替人著想，

憂他人之憂，樂他人之樂。

——《愛因斯坦通信選》

要記住，

那些優秀和高尚的人總是孤獨的

——也必須這樣；

而也就是因為這樣，所以他們能夠孤芳自得。

——《愛因斯坦通信選》

我自己就體會到，

既要從事嘔心瀝血的腦力勞動，

又要保持著做一個完整的人，

那是多麼困難呀！

——《知識分子與政治問題》，《文集》第三卷

要是沒有志同道合者之間的親切感情，

要不是全神貫注於客觀世界——

那個在藝術和科學工作領域裡永遠達不到的對象，

那麼在我看來，生活就會是空虛的。

人們所努力追求的庸俗目標——

財產、虛榮、奢侈的生活！

我總覺得是可鄙的。

——《我的世界觀》，《文集》第三卷

一個人如果生下來就離群獨居，

那麼他的思想和感情
所保留的原始性和獸性就會達到我們難以想像的程度。
──《社會與個人》，《文集》第三卷

我從來不把安逸和享樂看作是生活目的的本身。
這種倫理基礎，我叫它豬欄的理想。
照亮我的道路，
並且不斷地給我新的勇氣去愉快地正視生活的理想，
是善、美和真。
──《我的世界觀》，《文集》第三卷

一個天生自由和嚴謹的人固然可以被消滅，
但是，這樣的人絕不可能被奴役、
或者當作一個盲目的工具聽任使喚。
──《科學家的道義責任》，《文集》第三卷

個人的生命，
連同他的種種憂患和要解決的問題，
有一個了結，到底是一件好事。
本能使人不願接受這種解脫，
但理智卻使人贊成它。
捏造死後還有個人生命的迷信的該多麼悲慘可憐！
──《生命有個了結是件好事》，《文集》第三卷

頭腦清醒的人

總是深切地體會到人生是一種冒險，
生命永遠必須從死亡中去奪取。
── 《惡運的十年》，《文集》第三卷

一個人很難知道他自己的生活中什麼是有意義的，
當然也不應當以此去打擾別人。
魚對於牠終生都在其中泳游的水，又知道些什麼呢？
── 《自述》，《文集》第三卷

苦和甜來自外界，堅強則來自內心，
來自一個人的自我努力。
我所做的絕大部分事情，都是我的本性驅使我去做的。
── 《自述》，《文集》第三卷

我們這些總有一死的人的命運是多麼奇特呀！
我們每個人在這個世界上都只作一個短暫的逗留，
目的何在卻無所知，儘管有時以為對此若有所感。
── 《我的世界觀》，《文集》第三卷

人在出生時，
通過遺傳已得到了一種生物學上的素質，
我們應當把它看作是固定的和不變的，
這種素質包括那些作為人類特徵的自然衝動。
── 《為什麼要社會主義》，《文集》第三卷

誰要想成為羊群中無瑕無疵的一員，

他就必須首先自己變成一隻羊。

——海倫・杜卡斯著《愛因斯坦談人生》

個人的生命既然是有自然的界限，

使得它在結束時會像藝術作品那樣表現出來，

這難道還不能使我們感到一定的滿足嗎？

——《悼念鮑爾・朗之萬》，《文集》第一卷

應該向那種人致敬，

他一生樂於助人，不知害怕，

他既無野心又無抱怨。

具有這種素質的人，

是我們學習的典範，

從他們身上，

人類在他們自己製造的苦難中獲得了慰藉。

——《愛因斯坦通信選》

個人之所以成為個人，

以及他的生存之所以有意義，

與其說是靠著他人的力量，

不如說是由於他是偉大人類社會的一個成員，

從生到死，社會都支配著他的物質生活和精神生活。

——《社會與個人》，《文集》第三卷

真正有價值的東西

不是出自雄心壯志或單純的責任感，
而是出自對人和對客觀事物的熱愛和專心。
——《愛因斯坦通信選》

現在時常發生品格高尚的人，
用自己的自由意志而離開人世的事，
以致我們對於這樣的結局不再感到不尋常了。
然而要做出死別的決定，
一般都是由於無法——
或者至少不願意——
屈從新的、更困難的外界生活條件。
因為感到內心衝突無法容忍而了結自己的生命，
即使在今天，
在精神健全的人之中，也極少發生，
這只有在那些最清高、
道德最高尚的人才有可能。
——《埃倫菲斯特》，《文集》第一卷

我們甚至也不應當把人類
作為一個抽象的整體而奉為神聖。
只有個人，才賦有靈魂。
個人崇高的天命是服務，而不是統治，
也不是以別的任何方式把自己強加於別人。
——《目標》，《文集》第三卷

人們終於開始體會到，

巨大的財富對愉快和如意的生活並不是必要的。

——《對美國的印象》，《文集》第三卷

他（指知識分子）必須準備坐牢和準備經濟破產，

總之，他必須準備為他的祖國的文明幸福的利益，

而犧牲他的個人幸福。

——《要堅決與美國的法西斯化進行鬥爭》

每個人都做他認為是對的事，

或者用決定論的語言來說，

都做他所必須做的事。

如果他居然使別人信服了，

那是別人自己的事。

我自己對我的努力固然感到滿足，

但是，要像一個老守財奴保護他辛苦攢來的幾個銅板那樣

把我的工作當作我自己的「財產」來保護，

那我並不認為是明智的。

——《「不擲骰子的上帝」及其他》，《文集》第一卷

一個人用畢生的精力掌握了一點真理，

如果他見到別人真正埋解他的工作，

對他的工作感到滿意，這就是最好的獎賞。

——《愛因斯坦通信選》

企圖兼有智慧和權力，

極少能獲得成功，

即使成功，也不過是曇花一現。

——《給萊奧·貝克的獻詞》，《文集》第三卷

人人都確實感到自己作為個人的價值。

沒有誰在別人或者別的階級面前低聲下氣。

即使財產上有很大的差別，

即使少數人有特殊的權力，

也無損於人們的這種健康的自信，

以及對同胞們的尊嚴的自然尊重。

——《黑人問題》，《文集》第三卷

當代人把我看成一個邪教徒而同時又是一個反動派，

活得太長了，而真正的愛因斯坦早已死了。

所有這些都只是短見而已，

但是確實有一種不滿足的心情發自我自己的內心，

這種心情是很自然的，

只要一個人是誠實的，

是有批判精神的；

幽默感和謙虛，經常使我們保持一種平衡，

即使受到外界的影響也是如此。

——《70歲生日的心情》，《文集》第一卷

一個人要是住在虛無縹緲之鄉，

他就不難成為一個理想主義者。

——《悼念拉特瑙》，《文集》第三卷

一個修養有素的人，

總是渴望逃避個人生活而進入客觀知覺和思維的世界；

這種願望好比城市裡的人渴望逃避喧囂擁擠的環境，

而到高山上去享受幽靜的生活……

——《探索的動機》，《文集》第一卷

一個獲得成功的人，

從他同胞那裡所取得的，

總是無可比擬地超過他對他們所做的貢獻。

然而，看一個人的價值，

應當看他貢獻什麼，

而不應當看他取得什麼。

——《論教育》，《文集》第三卷

個人的生命，

只有當它用來使一切有生命的東西都生活得更高尚、

更優美時才有意義。

生命是神聖的，

也就是說它的價值最高，

對於它，其他一切價值都是次一等的。

——《有沒有一種猶太人的生命觀》，《文集》第三卷

· 愛因斯坦的畫像

· 赴瑞典接受諾貝爾獎

我總是生活在寂寞之中，

這種寂寞在青年時使我感到痛苦，
但在成年後卻覺得其味無窮。
——《自述》，《文集》第三卷

我絕對深信，
世界上的財富並不能幫助人類進步，
即使它掌握在那些對這事業最熱誠的人的手裡也是如此。
只有偉大而純潔的人物榜樣，
才能引導我們具有高尚的思想和行為。
——《關於財富》，《文集》第三卷

我們的行動都受衝動所支配，
而這些衝動加以有機的組合，
使得我們行動，
通常總是適合於保存我們自己和保存我們的種族。
——《道德與感情》，《文集》第三卷

我們很少知道，
我們同時代人怎樣解決個人與既定的人性，
和非人性的條件的關係問題，
怎樣獲得內心的安靜和信心，
而沒有這些，就既不可能和諧地生活，
也不可能進行工作。
——《斯賓諾沙序》，《文集》第一卷

第二節

追求與探索

對真理和知識的追求並為之奮鬥，

是人類最高品質之一。

儘管把這種自豪感喊得最響的——

卻往往是那些努力最小的人。

——《人類生活的目標》，《文集》第三卷

如果一個人不滿足於知道一些表面現象而要深入探索，

這項工作就非常艱苦。

——海倫・杜卡斯著《愛因斯坦談人生》

要作公正的和明智的忠告

——對別人是容易的，

但要使自己公正而明智地行動卻很困難。

——《為什麼要仇視猶太人》，《文集》第三卷

學習，

不斷地追求真理和美，
是使我們能永保青春的活動範圍。

——《愛因斯坦通信選》

客觀地衡量，
一個人以熱情奮鬥所獲得的真理實在微乎其微；
但奮鬥能使我們解脫自身的束縛，
並使我們成為最優秀、最偉大的人物的共同體。

——《愛因斯坦通信選》

在經濟生活和政治生活中，
到處都是以犧牲自己的同胞，
來無情地追逐名利為指導原則。
這種競爭精神甚至流行在學校裡，
它毀滅了人類友愛和合作的一切感情，
把成就看作不是來自對生產性和思想性工作的熱愛，
而是來自個人的野心和對被排擠的畏懼。

——《宗教與科學不可和解嗎》，《文集》第三卷

對真理的追求要比對真理的占有更為可貴。

——《理論物理學基礎》，《文集》第一卷

為尋求真理而努力所付出的代價，

總是比不擔風險地占有它要高昂得多。

——《自述片段》，《文集》第一卷

如果這種信念（指追求知識理性），

不是一種有強烈感情的信念，

如果那些尋求知識的人，

未曾受過斯賓諾沙的對神的理智的愛的激勵，

那麼他們就很難會有那種不屈不撓的獻身精神，

而只有這種精神才能使人達到他的最高的成就。

——《宗教與科學不可和解嗎》，《文集》第三卷

在我們的一切努力中，

在每次新舊觀點之間的戲劇性的衝突中，

我們都認識到求理解的永恆的欲望，

以及對於我們世界的和諧的堅定信念，

都隨著理解的障礙的增長而不斷地加強。

——《物理學的進化》，《文集》第一卷

當人們認識到，

為要達到一個目的就要用到一定的手段，

那時，手段本身就成為一種目的。

理智使我們弄清楚手段與目的的相互關係。

——《目標》，《文集》第三卷

人一旦發現了正確的道路，

就能做出大的犧牲。

—— 《給「改造」雜誌的聲明》，《文集》第三卷

不管時代的潮流和社會的風尚怎樣，

人總可以憑著自己的高貴的品質，

超脫時代和社會，走自己正確的道路。

現在，大家都為了冰箱、汽車、

房子而奔波、追逐、競爭。

這是我們這個時代的特徵了。

但是也還有不少人，

他們不追求這些物質的東西，

他們追求理想和真理，

得到了內心的自由和安寧。

—— 《愛因斯坦通信選》

要追究一個人自己或一切生物生存的意義或目的，

從客觀的觀點看來，

我總覺得是愚蠢可笑的。

可是每個人都有一定的理想，

這種理想決定著他的努力和判斷的方向。

—— 《我的世界觀》，《文集》第三卷

他一向走自己的路，

不受任何人的影響。

——《生命有個了結是件好事》，《文集》第三卷

人們應當繼續戰鬥，

可是他們應當為值得花精力的事情去戰鬥，

而不是為想像中的地理界線、

種族偏見和愛國主義色彩偽裝下的私人貪欲去戰鬥。

——《為和平而犧牲》，《文集》第三卷

只有把整個身心全部奉獻給自己的事業的人，

才有希望成為名副其實的大師，

因此大師的高超能力需要一個人的全部心血。

——海倫・杜卡斯著《愛因斯坦談人生》

我學科學的動機是——

迫切地希望了解自然界的祕密，

並沒有別的想法。

我熱愛正義，

我為了改善人類環境而努力貢獻自己的力量，

則和我們科學愛好毫不相干。

——《愛因斯坦通信選》

世間最美好的東西，

莫過於結交幾個頭腦和心地都很正直、嚴謹的朋友。

——《愛因斯坦通信選》

如果人類要保持自己的尊嚴，

要維護生存的安全以及生活的樂趣，

那就應該竭盡全力地保衛這些聖人所給予我們的一切，

並使之發揚光大。

——海倫・杜卡斯著《愛因斯坦談人生》

滿足物質上的需要，

固然是美滿的生活所不可缺少的先決條件，

但只做到這一點還是不夠的，

為了得到滿足，

人們還必須有可能根據他們個人的特點和能力，

來發展他們理智上的和藝術上的才能。

——《自由與科學》，《文集》第三卷

作為人，我們要向人類呼籲：

記住你們的人性而忘掉其餘。

要是你們能這樣做，

展示在面前的是通向新樂園的道路；

要是你們不能這樣做，

那麼擺在你們面前的就是普遍死亡的危險。

——《羅素——愛因斯坦宣言》，《文集》第三卷

歸根到底，人們要和平共處，

首先得靠相互信任，而信任的基礎是一種誠懇的互認關係；

其次才靠像法庭和警察這類組織。

這一點對於國家，正像對於個人一樣正確。

——《愛因斯坦通信選》

我認為，為求得更深更廣的見識和理解而鬥爭，

是這樣一些獨立目標之一。

要是沒有這些目標，

一個有思想的人，

對待生活就不會有積極自覺的態度。

——《科學家的道義責任》，《文集》第三卷

我堅信，如果你具有專注的熱情，

你一定能夠在科學領域中孕育出一些有價值的東西。

蝴蝶不是鼴鼠；

但是，任何蝴蝶都不應該為此惋惜。

——《對馬赫的評價及其他》，《文集》第三卷

促使人們去做這種工作的精神狀態是與信仰宗教的人，

或談戀愛的人的精神狀態相類似的；

他們每天的努力並非來自深思熟慮的意向或計劃，

而且直接來自激情。

——《探索的動機》，《文集》第一卷

最重要的寬容，

就是國家和社會對個人的寬容。

——《愛因斯坦通信選》

從已得到的知識來看，

這愉快的成就簡直好像理所當然的，

而且任何有才智的學生，

並不需要碰到太多的困難，

就能掌握它。

但是，在黑暗中焦急地探索著的年代裡，

懷著熱烈的希望，

時而充滿自信，

時而精疲力竭，

而最後終於看到了光明——

所有這些，只有親身經歷的人才能體會。

——《廣義相對論的來源》，《文集》第一卷

第三節

倫理・道德

人類價值的基礎畢竟還是道德。
在古代就能清楚的認識到這一點，
正是我們摩西的無比偉大之處。
對比之下，你們看看今天的人們……
——《愛因斯坦通信選》

道德並不是一種僵化不變的體系。
它不過是一種立場、觀點，
據此，生活中所出現的問題都能夠而且應當給予判斷。
它是一項永無終結的任務，
它始終指導著我們的判斷，
鼓舞著我們的行動。
——《道德與感情》，《文集》第三卷

人類道德上的偉大導師，

在某種意義上，
也可以說是生活藝術中的藝術天才。
——《宗教與科學不可和解嗎》，《文集》第三卷

只有由有靈感的人所體現的人類的道德天才，
才有幸能提出應用如此廣泛、
而且根基如此扎實的一些倫理公理，
從而人們會把它們作為自己在大量個人感情經驗方面，
打好基礎的東西而接受下來。
——《科學與倫理》，《文集》第三卷

普遍的道德觀念由於與宗教結合起來，
就獲得了最初的精神力量。
但在另一種意義上，
這種密切結合卻是道德觀念的致命傷。
——《道德與感情》，《文集》第三卷

我們的責任是要矢忠於我們的道德傳統，
這種傳統使我們能夠不顧那侵襲到我們頭上的
猛烈的風暴而維持了幾千年的生命。
在人生的服務中，
犧牲成為美德。
——《猶太共同體》，《文集》第三卷

道德不是什麼神聖的東西；

它純粹是人的事情。

——《科學與宗教精神》，《文集》第一卷

在宗教範圍之外有意識地培養道德感，

也會有好處，

那就是可以引導人們把社會問題，

看成是為達到美好生活而愉快服務的許多機會。

——《道德與感情》，《文集》第三卷

如果我們能對某些基本的倫理命題取得一致，

那麼，只要最初的前提敘述得足夠嚴謹，

別的倫理命題就能由它們推導出來，

這樣的倫理前提在倫理學中的作用，

正像公理在數學中的作用一樣。

——《科學定律與倫理定律》，《文集》第三卷

從一個單純的人的觀點來看，

道德行為並不意味著——

僅僅嚴格要求放棄某些生活享受的欲望，

而是對全人類更加幸福的命運的善意的關懷。

——《道德與感情》，《文集》第三卷

認為道德規則應當放在現行法律之上，

這種態度與人民一般是非的認知，是非常一致的。

——《支持美國青年拒服兵役的鬥爭》，《文集》第三卷

我認為今天人們道德準則的可怕敗壞，

來自於我們生活中的機械化和非人性化——

科學技術和智力發展的可悲副產品。

——《愛因斯坦通信選》

道德的基礎不應當建立在神話上，

或受任何權威的束縛，

否則，關於神話或權威的合法性的懷疑，

會危害健全地判斷和行動的基礎。

——《愛因斯坦通信選》

人類最重要的努力，

是在我們的行為中追求道德。

我們內心的安定，

甚至我們的生存，

都離不開道德。

只有道德的行為，

才能給生命以美和尊嚴。

——《愛因斯坦通信選》

謝天謝地，

單純的才智不能代替道德上的正直。

——《裁軍會議》，《文集》第三卷

好像邏輯思維與倫理毫不相干。

關於事實和關係的科學陳述，

固然不能產生倫理的準則，

但是，邏輯思維和經驗知識，

卻夠使倫理準則合乎理性，並且聯貫一致。

——《科學定律與倫理定律》，《文集》第三卷

文明人類的命運，

比以往任何時候都更要依靠它所能產生的道義力量。

因此，擺在我們這一代人面前的任務，

肯定不比我們前幾代完成的任務容易。

——《經濟抵制》，《文集》第三卷

一個人的倫理行為當有效地建立在同情心、教育，

以及社會聯繫和社會需要上；

而宗教基礎則是沒有必要的。

如果一個人因為害怕死後受罰和希望死後得賞，

才來約束自己，

那實在是太糟糕了。

——《宗教與科學》，《文集》第一卷

我認為倫理道德

全是人類自己的事，其背後並沒有什麼超越人類之上的權威。

—— 海倫・杜卡斯著《愛因斯坦談人生》

在我們的教育中，

往往只是為著實用和實際的目的，

過分強調單純智育的態度，

已經直接導致對倫理教育的損害。

使人類所直接面臨的危險，

而是「務實」的思想習慣所造成的人類相互體諒的窒息，

這種思想習慣好像致命的嚴霜一樣壓在人類的關係上。

—— 《倫理教育的需要》，《文集》第三卷

清除障礙（指對偏見和迷信的征服）

本身並沒有使社會生活和個人生活高尚起來。

因為除了這種消極的結果以外，

還有一種積極的要使我們的共同生活合乎倫理、

道德結構的志向和努力，

它有壓倒一切的重要性。

—— 《倫理教育的需要》，《文集》第三卷

我們珍視的是生活的質量，

而不是生活的數量。

—— 《愛因斯坦通信選》

有一種不成文的法律，
那是我們自己良心上的法律，
它比任何可以在華盛頓制定出來的法律
都要更加有束縛力。
—— 《美國科學家應當拒絕政府的不義要求》

只要我們成功地把這條倫理準則，
（指我們不該說謊）
追溯到這些基本前提之下，
我們就感到滿意。
在關於說謊這個例子中，
這種追溯的過程也許是這樣的：
說謊破壞了對別人的講話的信任。
而沒有這種信任，
社會合作就不可能。
—— 《科學定律與倫理定律》，《文集》第三卷

只要你有一件合理的事去做，

你的生活就會顯得特別美好。

——《愛因斯坦通信選》

要在道德和審美方面求得滿足，

這個目標對於藝術工作，

要比對於科學工作更為接近。

當然，對我們同胞的了解是重要的。

但這種了解只有在得到憂樂與共的同情心支持之際，

才能有好結果。

——《倫理教育的需要》，《文集》第三卷

對於什麼是應該和什麼是不應該的這種感情，

就像樹木一樣的生長和死亡，

沒有任何一種肥料會使它起死回生。

個人所能做的就是做出好榜樣，

要有勇氣在風言冷語的社會中堅定地高舉倫理的信念。

長期以來，我就以此律己，

取得了不同程度的成績。

——《客觀世界的完備定律》，《文集》第一卷

第四節

個人與交友

像我這種類型的人，

其發展的轉折點在於——

自己的主要興趣逐漸遠遠地，

擺脫了短暫的和僅僅作為個人的方面，

而轉向力求從思想上去掌握事物。

——《自述》，《文集》第一卷

如果一個人愛好很有條理的思想，

那麼他的本性的這一方面，

很可能以犧牲其他方面為代價而顯得更為突出，

並且愈來愈明顯地決定著他的精神面貌。

——《自述》，《文集》第一卷

我不想要求任何人

犧牲太多的時間和精力，自我犧牲是有合理限度的。

—— 《時間箭頭，基本概念的危機及其他》，《文集》第三卷

當我還是一個相當早熟的少年的時候，

我就已經深切地意識到，

大多數人終生無休止的追逐——

那些希望和努力是毫無價值的。

而且，我不久就發現了這種追逐的殘酷，

這在當年較之今天是更加精心地，

用偽善和漂亮的字句掩飾著的。

—— 《自述》，《文集》第一卷

對於我這樣的人，

一種實際工作的職業就是一種絕大的幸福。

因為學院生活會把一個年輕人置於這樣一種被動的地位：

不得不去寫大量科學論文——

結果是趨於淺薄，

這只有那些具有堅強意志的人才能頂得住。

—— 《自述片段》，《文集》第一卷

像我這種類型的人，

一生中主要的東西，

正是在於他所想的是什麼和他是怎樣想的，

而不在於他所做的或者所經受的是什麼。

——《自述》，《文集》第一卷

我可以老實地說，

在我的全部生活中，

我都是支持合理的論據和真理的。

誇張的言詞使我感到肉麻，

不管這些言詞是關於相對論的、

還是關於任何別的東西。

——《我對反對相對論公司的答覆》，《文集》第一卷

人類所做和所想的一切，

都關係到要滿足迫切的需要和減輕苦痛。

如果人們想要了解精神活動和它的發展，

就要經常記住這一點。

——《宗教與科學》，《文集》第一卷

雖然外界的強迫

在一定程度上能夠影響一個人的責任感，
但絕不可能完全摧毀它。
——《國家與個人良心》，《文集》第三卷

那些我們認為具有偶然的獨特品質的個人，
對於歷史的進程究竟有多大的決定影響。
對於這種個人作用問題，
我們的時代比起十八世紀以及十九世紀上半葉來，
要採取更加懷疑的態度，
那是可以理解的。
——《伽利略對話序》，《文集》第一卷

對於有善良意願的人，
當他以提高生活和文化為唯一目的，
付出了重大犧牲，
把一項社會事業籌備和創辦起來，
他再也沒有比這個時候更高興的了。
——《達伏斯的大學課程》，《文集》第三卷

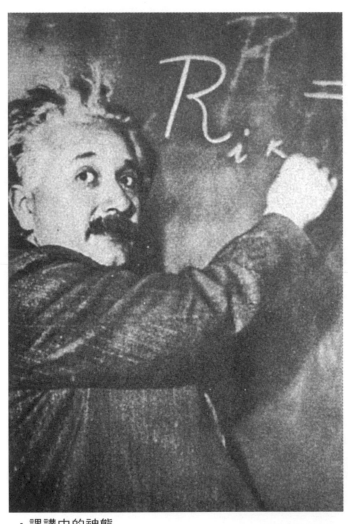

‧課講中的神態

有一種人權儘管它不常被提到，

卻似乎注定要成為非常重要的，

那就是：個人有權利和義務不參與他認為是錯誤的或者有害的活動。

——《人權》，《文集》第三卷

今天當我們講到人權時，

我們實質上是指：

保護個人反對別人或政府對他的任意侵犯；

要求工作並要求從工作中取得適當報酬的權利；

討論和教學的自由；

個人適當參與組織政府的權利。

儘管這些權利現今在理論上已得到了承認，

但事實上，它們比過去任何時候都受到更大的摧殘。

——《人權》，《文集》第三卷

我最佩服的是，

作為一個人，

他不僅能夠做到多年來與妻子過著安靜的生活，

而且始終協調一致，

而我卻兩次都沒有做到（指他自己的兩次婚姻），

這是很惋惜的。

——《悼念貝索》，《文集》第三卷

人的思想

不滿足於建立起各種關係；
它還想要理解。
——《評梅耶松的書》，《文集》第三卷

我所做的絕大部分事情，
都是我自己的本性驅使我去做的。
而它居然會得到那麼多的尊重和愛好，
那是我深為不安的。
仇恨之箭也曾向我射來；
但它們永未射中我，
因為，不知何故它們總是屬於另一個世界，
而我同那個世界一點關係也沒有。
——《自述》，《文集》第三卷

個人對社會的依賴，
顯然是自然界的一個不能抹殺的事實——
螞蟻和蜜蜂也正是那樣。
可是，螞蟻和蜜蜂的整個生活過程，
甚至最微小的細節上，
也都是由遺傳下來的不變的本能所決定著的，
而人類的社會型式和相互關係，
卻是非常不固定的，
是很容易改變的。
——《為什麼要社會主義》，《文集》第三卷

對一個人來說，

所期望的不是別的，
僅僅是他能全力以赴和獻身於一種美好的事業。

——《愛因斯坦通信選》

你們應在同伴的幸福和喜悅中分享幸福，
而不要從人與人的悲慘衝突中得到幸福。
如果你們懷有這種自然的感情，
你們生活中的一切負擔就會減輕，
至少可以忍受得了。
你們將會在忍耐中找到出路不慮恐懼，
毫不退縮地把喜悅帶向人間。

——《愛因斯坦通信選》

要在人類事務中理智地行動，
只有做這樣的努力才有可能——
那就是努力充分了解對方的思想、動機和憂慮，
做到設身處地從對方的角度去觀察世界。
一切善良的人，
都應當儘可能獻出力量來增進這種相互了解。

——《對蘇聯科學家的答覆》，《文集》第三卷

簡單淳樸的生活，

無論在身體還是精神上，對每個人都是有益的。

—— 《愛因斯坦通信選》

人既是孤獨的人，同時卻又是社會的人。

作為孤獨的人，

他企圖保衛自己的生存和那些同他最親近的人的生存，

企圖滿足他個人的欲望，

並且發展他天賦的才能。

作為社會的人，

他企圖得到他的同胞的賞識和好感，

同他們共用歡樂，

在他們悲痛時給以安慰，

並且改善他們的生活條件。

—— 《為什麼要社會主義》，《文集》第三卷

現在的個人比以往都更加意識到他對社會的依賴性。

但他並沒有體會到這種依賴性是一份可靠的財產，

是一條有機的紐帶，

是一種保護的力量，

反而把它看作是對他的天賦權利的一種威脅，

甚至是對他經濟生活的一種威脅。

—— 《為什麼要社會主義》，《文集》第三卷

在科學上，

每一條路都應該走一走。

發現一條走不通的路，就是科學的一大發現。

——《愛因斯坦通信選》

如果人們屈從於他們原始本能的命令，

只為他們自身的利益而逃避痛苦，

尋求滿足，那麼他們得到的全部結果，

總之——必然是一種不安全的，

恐怖和混亂的痛苦狀態。

——《道德與感情》，《文集》第三卷

我是一個虔誠的和平主義者，

而不是一個絕對的和平主義者，

這就是說，我反對在任何情況下使用武力，

除非碰到了一個實質上以消滅生命為目的的敵人。

——《我不是一個絕對的和平主義者》，《文集》第三卷

一個幸福的人，往往對當前過於滿足，

以至對未來考慮的不多。

但另一方面，年輕人又往往胸懷大志。

此外，對於一個嚴肅的年輕人說來，

他應當為自己所嚮往的目標，

樹立盡可能明確的思想，

這也是很自然的事。

——《愛因斯坦通信選》

科學中沒有平坦的大道。

只有沿著艱難險阻的坡道不斷攀登的人，

才有希望達到最高的頂峰。

——《愛因斯坦通信選》

由於我們在客觀性方面的素養，

我們把任何有關個人的事情都視為禁忌，

這種禁忌，

只有碰到像目前這樣一個絕對例外的機會時，

我們這些凡人，才可以違反它一下。

——《祝賀柏林內爾70歲生日》，《文集》第一卷

人們會清楚地發覺，

與別人的相互了解和協調一致是有限度的，

但這不是惋惜。

這樣的人無疑有點失去他的天真無邪和無憂無慮的心境。

——《我的世界觀》，《文集》第三卷

它（指個性）的形成主要取決於人在發展中所處的環境，

取決於他所成長於其中的社會的結構。

取決於那個社會的傳統，

也取決於社會對各種特殊行為的評價。

——《為什麼要社會主義》，《文集》第三卷

一個人在科學探索的路上

走過彎路，犯過錯誤，並不是壞事，更不是什麼恥辱。
重要的是：在實踐中勇於承認和改正錯誤。
——《愛因斯坦通信選》

作為一個平民，
他的日常生活並不靠特殊的智慧。
如果他對科學深感興趣，
他就可以在他的本職工作之外，
埋頭研究他所愛好的問題。
——《自述片段》，《文集》第一卷

欲望、喜愛、痛苦、恐懼等這些內在力量，
支配著各個人的自我保存的本能。
同時，作為社會的人，在與別人的關係中，
我們被同情、驕傲、仇恨、追求權力、憐憫等等，
這樣的感情所激動。
——《道德感情》，《文集》第三卷

很少有人能心平氣和地表達，
與他們社會環境所形成的偏見有所不同的見解。
大多數人甚至不能形成這樣的見解。
——《紿萊奧‧貝克的獻詞》，《文集》第三卷

只有個人才能思考，

從而能為社會創造新價值，

不僅如此，

甚至還能建立起那些為公共生活所遵守的新的道德標準。

要是沒有能獨立思考和獨立判斷的有創造能力的個人，

社會的向上發展就不可想像，

正像要是沒有供給養料的社會土壤，

人的個性的發展也是不可想像的一樣。

——《社會與個人》，《文集》第三卷

每一個有良好願望的人的責任，

就是要盡其所能，

在他自己的小天地裡做堅定的努力，

使純粹人性的教義，

成為一種有生命的力量。

如果他們在這方面，做了一番忠誠的努力，

而沒有被他同時代人踐踏在腳下，

那麼，他可以認為他自己和他所處的社會都是幸福的了。

——《基督教與猶太教》，《文集》第三卷

在天才和勤奮之間，

我毫不遲疑地選擇勤奮。
它幾乎是世界上一切成就的催生婆。
——《愛因斯坦通信選》

我不相信，高尚的為人態度，
在大學和科學院裡，
要比沒沒無聞的，
沈寂的普通人所在的店鋪裡發揚得更好。
——《祝羅蘭60歲生日的賀信》，《文集》第三卷

只是因為存在著這些多種多樣的，
時常相互衝突的努力，
才能說明一個人所獨有的性格，
而且這些努力的特殊結合，
就決定了個人所能達到的內心平衡的程度，
以及他對社會福利所能做出貢獻的程度。
——《為什麼要社會主義》，《文集》第三卷

一個人被工作弄得神魂顛倒直至生命的最後一息，
這的確是幸運。
否則，世人的荒唐和愚蠢，
主要是在政治表現出來的荒唐和愚蠢，
就會使他痛苦得難以忍受。
——《對量子力學的看法》，《文集》第三卷

大家默認的座右銘是：

「閒事莫管，閒話莫説。」
——《商業利益與戰爭》，《文集》第三卷

國家是為人而建立，
而人不是為國家而生存。
對於科學也是這樣。
我認為國家的最高使命是保護個人，
並且使他們有可能發展成為有創造才能的人。
——《主權的限制》，《文集》第三卷

記憶力、重新組合的能力，
口頭交談的才能，
已在人類中間造成了一種不聽命於生物學上的、
必然性的可能發展。
——《為什麼要社會主義》，《文集》第三卷

任何回憶都染上了當前的色彩，
因而也帶有不少可靠的觀點。
這種考慮可能使人畏難而退，
然而，一個人還是可以從自己的經驗裡，
提取許多別人所意識不到的東西。
——《自述》，《文集》第一卷

不管時代的氣質如何，

總有一種人的尊貴品質，
它能使人超脫他那個時代的激情。
——《與柯亨的談話》，《文集》第一卷

人類不是由於他們的生物學的素質而注定要互相毀滅的，
或者要聽任那殘酷的，
自作自受的命運來擺佈的。
——《為什麼要社會主義》，《文集》第三卷

能夠理智地講出超脫世俗偏見觀點的人為數很少，
大多數人根本就沒有這種觀點。
——F ・赫爾內克著《愛因斯坦傳》

我們在這裡已經有了最美麗的春天，
整個世界都微笑得那麼歡樂，
使得人們自動地擺脫了憂鬱這種老毛病。
——《失業的苦與探索自然界統一性的歡趣》

第五節

信仰與崇拜

這個時代應當是知識日益代替信仰的時代；

不以知識為根據的信仰就是迷信，

因此，必須加以反對。

——《目標》，《文集》第三卷

人們在青年時代，

對有權有勢者懷有某種程度的尊敬已經所剩無幾。

奧克森金納（瑞典詩人）的名言：

「我的孩子，你不會相信，

治理這個世界所用的智慧竟是這樣的少。」

黑格爾也說過：

「我們從歷史所能吸取的教訓是，

各國人民並沒有從歷史吸取教訓。」

這兩句話，很一針見血地表達了事情的實況，

而且對任何時代都適用。

——《巴勒斯坦問題是英國「分而治之」政策的惡果》

把個人以外的生命視為神聖，

就引起了對一切有靈性的東西的尊敬。

——這是猶太傳統的一個突出的特徵。

——《有沒有一種猶太人的生命觀》，《文集》第三卷

我們在讚賞這位卓越人物（指開普勒）的同時，

又帶著另一種讚美和敬仰的感情，

但這種感情的對象不是人，

而是我們出生於其中的自然界的神祕的和諧。

——《開普勒》，《文集》第一卷

在我們的科學期望中，

我們已成為對立的兩極。

你信仰擲骰子上帝，

我卻信仰客觀存在的世界中的完備定律和秩序，

而我正試圖用放蕩不羈的思辨方式去把握這個世界。

——《客觀世界的完備定律》，《文集》第一卷

由於醉心於所崇拜的人物，

而誇大了他們的地位。

很可能是，到了十七世紀時，

黑暗的中世紀僵化的權威傳統——

所產生的精神癱瘓已經大大減退；

不管有沒有伽利略，

陳腐的文化傳統都已經不可能維持多久了。

——《伽利略對話序》，《文集》第一卷

容忍是對和自己的習慣、

信仰及愛好格格不入的別人的品質、
觀點和行為的熱情友好的欣賞。
——《愛因斯坦通信選》

我信仰斯賓諾沙的那個存在事物的——
有秩序的，和諧中顯示出來的上帝，
而不信仰那個與人類的命運和行為有牽連的上帝。
——《我信仰斯賓諾沙的上帝》，《文集》第一卷

我不認為當代物理學家們的
這種信仰在哲學上是可以駁倒的。
因為在我看來，
理智上的退讓不能斥之為邏輯上是不可能的。
在這裡，我只好信賴我的知覺。
——《關於「實在」問題的討論》，《文集》第一卷

與深摯的感情結合在一起的，
對經驗世界中顯示出來的高超的理性的堅定信仰，
這就是我的上帝概念。
照通常的說法，
這可以叫做「泛神論的」概念（斯賓諾沙）。
——《科學的真理》，《文集》第一卷

由百折不撓的信念所支持的意志，

比那些似乎是無敵的物質力量有更大的威力。

——《給日本「改造」雜誌的聲明》，《文集》第三卷

不管我們的決定是怎樣做出的，

只要它是出自深摯的、

不可動搖的信念，

它就會對我們思想上和道義上的判斷產生很大的影響。

——《科學家的道義責任》，《文集》第三卷

在我看來，個人崇拜總是沒有道理的。

固然，大自然在她兒女中並不是平均地分配她的賜物；

但是，多謝上帝，得到優厚天賦的人是很多的，

而我深信，他們多數過的是澹泊的，

不引人注目的生活。

——《我對美國的最初印象》，《文集》第三卷

對我來說，思想的基礎是信仰無限制的因果性，

「我對他恨不起來，因為他所做的原是他該做的。」

因此，我更接近斯賓諾沙，而不接近先知們。

所以，「罪孽」對我是不存在的。

——《對馬赫的評價》，《文集》第三卷

虛心與虛榮

虛榮心可以有許多不同的表現形式。

人家常說我沒有虛榮，

但這也是一種虛榮，

一種特殊的虛榮心呢！

你看，我不是感到一種特殊的自負嘛！

那真像小孩子一般的幼稚呢！

——《愛因斯坦談人生》

榮譽使我變得越來越愚蠢。

當然，這種現象是很常見的，

就是一個人的實際情況——

往往與別人認為他是怎樣很不相稱。

比如我，每每小聲咕嚕一下，也變成了喇叭的獨奏。

——《愛因斯坦通信選》

誰要是把自己標榜

為真理和知識領域裡的裁判官，
他就會被神的笑聲所覆滅。
—— 《給萊奧·貝克的獻詞》，《文集》第三卷

對於一個為了發現一丁點兒真理而奮鬥終生的人來說，
如果他能親眼看到別人真正理解並喜歡他的工作，
那他就得到了最美好的報償。
—— 海倫·杜卡斯著《愛因斯坦談人生》

應當心甘情願地服從人民的意志，
像在選舉中所表現的那樣，
即使在多數人與自己個人的願望和判斷相抵觸時，
也應當如此。
—— 《對柏林大學學生的談話》，《文集》第三卷

我實在是一個「孤獨的旅客」，
我未曾全心全意地屬於我的國家，
我的家庭，我的朋友，甚至我最接近的親人；
在所有這些關係面前，
我總是感覺到有一定距離並需要保持孤獨——
而這種感受正與年俱增。
—— 《我的世界觀》，《文集》第三卷

民族驕傲

完全是一種無聊的癖好。

——《在哥白尼逝世410週年紀念會上的講話》，《文集》第一卷

想要得到讚許和表揚的願望，

本來是一種健康的動機；

但要求別人承認自己比同伴或者同學，

更高明、更強或者更有才智；

那就容易在心理上產生唯我獨尊的態度，

這無論對個人對社會都是有害的。

——《論教育》，《文集》第三卷

讓每一個人都作為個人而受到尊重，

而不讓任何人成為崇拜的偶像。

我自己受到了人們過分的讚揚和尊敬，

這不是我自己的過錯，

也不是由於我自己的功勞，

而實在是一種命運的嘲弄。

——《我的世界觀》，《文集》第三卷

我感到在我的工作中，

沒有任何一個概念會很牢靠地站得住的，

我也不能肯定我所走的道路一般是正確的。

——《70歲生日的心情》，《文集》第一卷

一個獲得成功的人，

從他的同胞那裡所取得的，
總是無可比擬的超過他對他們所做的貢獻。

——《愛因斯坦通信選》

人之所以為人，
是他生來就有足夠的智力，
能夠清楚地看到，
面臨的這個客觀現實，
人的智力是多麼不足。
如果人人都這麼謙虛，
人類活動的世界將更有魅力。

——《愛因斯坦通信選》

「人能做他所想做的，但不能要他所想要的。」
（引自叔本華的話）

這句名言對於驕傲的人類來說是一劑苦藥。

誰還會否認，近百年來，

人們不僅吞下了這劑苦藥，

而且還感到完全習慣了呢？

——《物理學基本概念的變化》，《文集》第一卷

客觀的衡量，

一個人以熱情奮鬥所獲得的真理實在微乎其微。
但奮鬥能使我們解脫自身的束縛，
並使我們成為最優秀、最偉大的人物。
——《愛因斯坦通信選》

一個人應當這樣安慰自己，

即時間是一架篩子，

大多數一時聳人聽聞的東西都已通過篩子，

落進了沒沒無聞的海洋，

即使是篩剩下來的，

也不值得一提。

——《愛因斯坦通信選》

當一個人在講科學問題時，

「我」這個渺小的字眼，

在他的解釋中應當沒有地位。

但是，當他是在講科學的目的和目標時，

他就應當允許講到他自己。

因為一個人所經驗到的——

沒有比他自己的目標和願望更直接的了。

——《在哥倫比亞大學的講話》，《文集》第一卷

第七節

藝術與美

真和美都不是離開人而獨立的東西。

如果不再有人類，

是不是貝爾維德勒的阿波羅像也就不再是美的了？

（這裡指的是，梵蒂岡教皇宮殿裡收藏的阿波羅的雕像）

——《關於實在的本性問題與泰戈爾的談話》

啟發我並永遠使我充滿生活樂趣的理想，

是真、善、美。

要是沒有志同道合的人的了解和同情的感覺，

要是我不全神貫注於這個目標，

這個在科學和藝術研究領域中難以達到的目標，

我的生活就會感到空虛。

——《愛因斯坦通信選》

真正的藝術，

應該產生於創造力豐富的藝術家心中的一股不可遏制的激情。

——海倫・杜卡斯著《愛因斯坦談人生》

音樂並不影響研究工作，

它們兩者都從同一個渴望之泉攝取營養，

而它們給人們帶來的慰藉也是互為補充的。

——海倫・杜卡斯著《愛因斯坦談人生》

在科學的領域裡，

時代的創造性的衝動有力地迸發出來，

在這裡，對美的感覺和熱愛，

找到了比門外漢所能想像得更多的表現機會。

——《感謝斯托多拉》，《文集》第三卷

只有偉大而純潔的人物的榜樣，

才能引導我們具有高尚的思想和行為。

金錢只能喚起自私自利之心，

並且不可抗拒地會招致種種弊端。

——《關於財富》，《文集》第三卷

在學習和追求真與美的領域裡，

我們可以永保赤子之心。

——海倫・杜卡斯著《愛因斯坦談人生》

常聽人說，

藝術不應被用來為政治或其他實際目的服務，
我絕不能同意這種觀點。

——《藝術與政治》，《文集》第三卷

他（指學生）必須獲得對美和道德上的善，
有鮮明的辨別力。
否則，他——連同他的專業知識
——就像一隻受過訓練的狗。
而不像一個和諧發展的人。
為了獲得對別人和對集體的適當關係，
他必須學習，去了解人們的動機，
他們的幻想和他們的疾苦。

——《培養獨立思考的教育》，《文集》第三卷

把人們引向藝術和科學的最強烈的動機之一，
是要逃避日常生活中令人厭惡的粗俗和使人絕望的沈悶，
是要擺脫人們自己反覆無常的欲望的桎梏。

——《探索的動機》，《文集》第一卷

人類最重要的努力莫過於
在我們的行動中力求維護道德準則。
我們的內心平衡甚至我們的生存本身全部有賴於此。
只有按道德行事，才能賦予生活以美和尊嚴。

——海倫·杜卡斯著《愛因斯坦談人生》

簡單而淳樸的生活，

無論在身體上還是在精神上，
對每個人都是有益的。

——《我的世界觀》，《文集》第三卷

不論是一件藝術品或重大的科學成就，
之所以高貴與偉大是因它具有獨特的品格。

——《愛因斯坦通信選》

要把某種特殊類型的政治思想或政治詞句，
強加給藝術家，
固然是絕對錯誤的和令人厭惡的；
但是藝術家自己的強烈的感情傾向，
卻常常產生出真正偉大的藝術作品。

——《藝術與政治》，《文集》第三卷

在他們的勞動中，
他們應當利用那些能夠在人類自己的身上，
培養出來的善、真和美的力量。
不錯，這是一個比較困難的任務，
然而，卻是一個價值無比的任務。

——《科學與宗教》，《文集》第三卷

PART 2

愛因斯坦談
「人與社會」

歷史與傳統

幾乎所有的歷史學家都是語言學家，

這些人不了解物理學家所追求的是什麼，

他們是怎樣思索他們的問題，

並且怎樣與他們的問題進行苦鬥的。

甚至關於伽利略的著作，

多數也都寫得很蹩腳。

——《與香克蘭的談話》，《文集》第一卷

在紀念的日子裡，

通常首先是追溯往事，

尤其是要懷念那些由於發展文化生活

而得到特殊榮譽的人們。

這種對於我們先輩的親切的紀念儀式確實是不可少的，

尤其是因為這樣一種對過去最美好的事物的回憶，

適宜於鼓勵今天的善良的人們去勇敢奮鬥。

——《論教育》，《文集》第三卷

有一種內部的或者直覺的歷史，

還有一種外部的或者有文獻證明的歷史，

後者比較客觀，但前者比較有趣。

——《關於科學史與科學家的談話》，《文集》第一卷

這些從歷史經驗中

（指人們在相互對待行為方面的理想）

和對美與和諧的熱望中得出來的同樣理想和信念，

在理論上通常是容易為人們接受的，

但是在人的獸性本能的壓力下，

這些思想信念又總是被人們所踐踏。

——《人權》，《文集》第三卷

今天活著的人對於過去許多世紀中的

那些伙伴（指知識文人）感到像朋友一樣親切，

這些古人的著作永遠不會失去它們的魅力，

不會失去它們的中肯和它們親切的通情達理的品質。

——《哲學家與政治》，《文集》第三卷

要寫別人的工作歷史，

就需要在一定程度上，

吸收別人的想法，

這是有素養的歷史學家才很在行的事；

至於要說明一個人自己以前的思想，

顯然就無比的容易了。

——《廣義相對論的來源》，《文集》第一卷

昨天的陳詞濫調，

今日不再有用，

明天無疑地更將是無可挽回的過時了。

—— 《給國際知識界和平大會的賀信》，《文集》第三卷

一個世紀裡，

具有清澈的思想風格的優美的鑒賞力的啟蒙者，

為數很少。

他們留下來的著作，

是人類一份最寶貴的財產。

我們要感謝古代少數作家，

全靠他們中世紀的人，

才能夠從那種曾使生活黑暗了

不只五百年的迷信和無知中逐漸擺脫出來。

—— 《論古典文學》，《文集》第三卷

輕視傳統是愚蠢的，

但是如果要使人的關係不斷的得到改善，

那麼隨著我們的自覺性的提高和智力的增長，

我們就應當開始控制傳統，

並且對傳統採取批判態度。

我們應當努力去認識，

在我們所接受的傳統中，

哪些是損害我們命運的——

從而相應地塑造我們的生活。

—— 《黑人問題》，《文集》第三卷

推動你的事業，

不要讓你的事業推動你。

—— 《愛因斯坦通信選》

從思想上掌握這個在個人以外的世界，

總是作為一個最高目標而有意無意地浮現在我的心目中。

有類似想法的古今人物，

以及他們已經達到的真知灼見，

都是我的不可失去的朋友。

—— 《自述》，《文集》第一卷

只有那些成功的

為他們那個時代的有問題的形勢奮鬥過的人，

才能深入的洞察那樣的形勢；

不像後來的歷史學家那樣，

要他從他那一代看來是已經確立了的，

甚至是自明的概念和觀點中進行抽象，

那是會感到困難的。

—— 《對批判的回答》，《文集》第一卷

我們從社會接受到的一切物質、

精神和道德方面有價值的成就，

都是過去無數世代中許多有創造才能的人所取得的。

—— 《社會與個人》，《文集》第三卷

孜孜不倦地追求知識，

必能獲得豐碩的成果。

——《愛因斯坦通信選》

除了遺傳的天賦和品質以外，

是傳統使我們成為現在這個樣子的。

但我們極少意識到，與傳統強有力的影響相比，

我們自覺的思想對我們行為和信念的影響竟是那麼微弱。

——《黑人問題》，《文集》第三卷

我相信一條法律要為人們所遵守，

只有當受影響的人民從自己長期發展起來的傳統來看，

認為它所根據的原則是可以接受的時候，才有可能。

——《對戰爭起因的看法》，《文集》第三卷

在過去，左右政治決策的，

幾乎完全是政治野心和追求經濟利益的欲望，

而不是專門知識和以客觀思考為依據的判斷。

——《腦力勞動者組織》，《文集》第三卷

為了完成國家生活中這樣一種極其深刻的變化，

就需要巨大的道義上的努力，

以及慎重地拋棄那些根深柢固的傳統。

——《裁軍沒有漸進的道路》，《文集》第三卷

第二節

社會與國家

在這樣一種經濟制度（指社會主義的經濟制度）裡，

生產手段歸社會本身所有，

並且有計劃地加以利用。

計劃經濟按社會的需要而調節生產，

它應當把工作分配給一切能工作的人，

並且應當保障每一個人，

無論男女老幼，都能生活。

——《為什麼要社會主義》，《文集》第三卷

有什麼比社會強迫人去做那些——

我們每個人都認為是罪大惡極的事還要更壞的呢！

而有見義勇為的精神，

敢於反抗它的人，竟是那麼少。

——《裁軍會議》，《文集》第三卷

一個沒有個人獨創性

和個人志願的規格統一的個人所組成的社會，
將是一個沒有發展可能的不幸的社會。
——《論教育》，《文集》第三卷

在健康的社會裡，

任何有益的活動所得到的報酬，

都應當使人能過一種像樣的生活。

從事任何有價值的社會活動，

都可能得到內心的滿足，

但內心的滿足不能當作工資。

——《保證人類的未來》，《文集》第三卷

老先生們大部分都是暈頭轉向，

惶惶不知所措。

他們覺得新時代就跟淒慘的狂歡節一樣，

對舊的經濟表示留戀之情，

而對於我們，

舊經濟的消失卻意味著解放。

——《對德國十一月革命後局勢的看法》

多數的蠢人在任何時候，

都是無敵的，

並且總能坐操勝券。

——《給貝克的獻詞》，《文集》第三卷

· 住美國普林斯頓的寓中

智慧並不產生於學歷，

而是來自於對知識終生不懈的追求。

——《愛因斯坦通信選》

政府（指德國的政府）依賴於人民大眾，

它雖然不停息的奮鬥，

但是，對於經濟崩潰卻很少成效，

該死的循環；

強迫提高工資——增印鈔票——

貨幣貶值——又強迫提高工資……

殘酷無情的導致經濟崩潰。

——《對德國十一月革命後局勢的看法》

此行（指第一次日本之行）

使我第一次看到一個健康的人類社會，

它的成員在這個社會中能得到充分的發展。

——《在量子問題上我相信自己走的路是正確的》

在我看來，通過技術進步來提高人的勞動生產力，

這一點是主要的。

辦法是：從法律上減少僱員的（平均的）勞動時間，

直至失業現象的消失……

——《統一場論與經濟問題》，《文集》第三卷

要麼準備戰爭，

要麼準備建立一個以法律和秩序為基礎的世界社會，
中間不可能有妥協的道路。
——《給聯合國大會的信》，《文集》第三卷

黃金匱乏只意味著一個國家的商品輸出
不能抵償它的商品輸入。
這就首先導致黃金匱乏，
然後導致外國信貸的窒息。
當一個富有國家沒有或者不能充分生產
外國所需要的商品時，
它也會遇到黃金匱乏的情況。
——《關於黃金問題》，《文集》第三卷

我相信，歐洲政治上的破產將會繼道德淪喪而來。
這在很多方面與一千五百年以前的情況相似。
還不明白，為什麼文明總是從它內部往外爛。
也許長期的、有秩序的生活，
破壞了那種把一個社會維持下去的心理力量。
——《美國商人最吃香》，《文集》第三卷

只要社會主義的管理部門——
至少還保持著哪怕是不徹底的適當管理標準，
社會主義所有的優點，
就肯定足以抵消它的缺點。
——《對蘇聯科學家的答覆》，《文集》第三卷

一個社會，

不論它的政治組織怎樣；
要不是保持著政治洞察力和真正的正義感，
終究是不能保證它本身的健康的。
——《群眾政治上的成熟程度與革命》，《文集》第三卷

有耐心、運氣好、有人事關係的話，
有時也會得到位置。
風度才華在這裡很少有人欣賞。
尤其是商人成了這個國家（指美國）的聖人。
我的意思是說，
一種新式吊帶比一種新穎的哲學理論更吃香。
——《美國商人最吃香》，《文集》第三卷

我是生活在兩個政治熱病主要中心中的一個。
事情已經到了這樣的地步；
能夠進行平心靜氣的談話的人，
所剩已經寥寥無幾。
恐懼、仇恨和微不足道的個人利害關係，
支配著每一個人的行動，
驅使各個國家和人民（也包括科學家）走向最後的災難。
人們再也分不清究竟誰是主使者、誰是脅從者。
——《給伊薩克的信》，《文集》第三卷

為了保護它

（指國家）的人民不受外來侵略，
一個現代國家就需要建立一個強大的和不斷擴大的軍事機構。

—— 《給國際知識界和平大會的賀信》，《文集》第三卷

只有通過創建一種超國家的組織，
才能夠避免普遍毀滅的危險。
凡是企圖妨礙或者阻止這種非常急需的新事物出現的，
倒真是名副其實的「顛覆分子」。

—— 《對被指責為顛覆分子的答覆》，《文集》第三卷

指引社會主義方向的是一個社會——倫理目的。
可是，科學不能創造目的，
更不用說把目的灌輸給人們；
科學至多只能為達到某些目的提升手段。

《為什麼要社會主義》，《文集》第三卷

恰恰是擔當最重任的人，
和在生活中最無私的人，
往往是暴戾行為的最狂熱的支持者。
社會情緒已走上邪路。
要是我沒有親眼看到，
我就很難想像有這樣的人。

—— 《關於宇宙學和其他》，《文集》第三卷

對於個人來說，

社會這個抽象概念意味著
他對同時代人以及以前所有各代人的直接關係和間接關係的總和。

——《為什麼要社會主義》，《文集》第三卷

既然社會主義的真正目的就是要克服，
並且超過人類發展的掠奪階段，
所以，處於目前狀況下的經濟科學
就不能說明未來的社會主義社會。

——《為什麼要社會主義》，《文集》第三卷

是「社會」供給人以糧食、衣服、住宅、
勞動工具、語言、思想形式和大部分思想內容；
通過過去和現在億萬人的勞動和成就，
他的生活才有可能，
而這億萬人全部隱藏在「社會」這個小小字眼的背後。

——《為什麼要社會主義》，《文集》第三卷

社會或者國家不是他（指包培爾—林卡烏斯）
盲目崇拜的對象；
他把社會要求個人做出犧牲的權力，
完全建立在社會應給個人的個性
以和諧發展機會這一責任上。

——《包培爾—林卡烏斯》，《文集》第三卷

盲目服從

那些我們認為是不道德的國家法律，
只會妨礙為改革這些不道德的法律而進行的鬥爭。
——《法律與良心》，《文集》第三卷

和平主義比社會主義更容易爭取人民。
社會問題和經濟問題已經變得極其複雜，
必須使人們首先真正相信和平解決問題的可能性。
——《和平主義與社會主義》，《文集》第三卷

所有的人，
不論他們的社會地位如何，
全部蒙受這種衰退過程。
他們不自覺地做了自己「唯我論」的俘虜，
他們感到憂慮不安、孤學寂寞，
並且喪失了天真、單純和淳樸的生活樂趣。
——《為什麼要社會主義》，《文集》第三卷

個人是能夠自己進行思考、感覺、奮鬥和工作的；
但在他的肉體、理智和感情的生活中，
他是那樣地依靠著社會，
以至在社會組織之外就不可能想起他，
也不可能理解他。
——《為什麼要社會主義》，《文集》第三卷

我們不僅要容忍

個人之間和集體之間的差別，
而且確實應當歡迎這些差別，
把它們看作是我們生活的豐富多彩的表現。
——《道德與感情》，《文集》第三卷

人們到處都是在最困難的環境裡
以火一樣的熱情工作著。
注意不要因為整個社會的嚴重的創傷
而毀滅了今天青年的意志和才智。
——《科學的困境》，《文集》第三卷

計劃經濟還不就是社會主義。
計劃經濟本身可能伴隨著對個人的完全奴役。
社會主義的建設，
需要解決這樣一些極端困難的社會——政治問題；
鑒於政治權力和經濟權力的高度集中，
怎樣才能可能防止行政人員變成權力無限和傲慢自負呢！
——《為什麼要社會主義》，《文集》第三卷

我也相信政治權力的集中
和個人自由的限制不應超過一定的界限，
這界限是根據外部安全、
國內穩定和計劃經濟的需要所作的考慮而定出來的。
——《對於俄國十月革命與知識分子關係的看法》

如果我們只限於

為直接的經濟目標鬥爭，
而排除政治目的和政治工作，
那麼我們的利益就得不到充分的保護。
——《腦力勞動者組織》，《文集》第二卷

社會主義在一個民主國家裡，
必然引起政治權力的高度集中；
而社會主義官僚想搞侵略行為的傾向，
不見得比現在的私人經濟勢力的代表人物要小。
——《社會主義國際安全問題》，《文集》第三卷

這個世界可以由音樂的音符組成，
也可以由數學的公式組成。
我們試圖創造合理的世界圖象，
使我們在那裡面就像在家裡一樣，
並且可以獲得我們在日常生活中不能達到的安全。
——《論科學》，《文集》第一卷

我認為，要避免不必要的搖擺和震動，
唯一正確的辦法是，
根據保持穩定的平均物價（指數）
這一標準來調整貨幣和信貸量。
對於 個有集中金融管理體制的地區的內部經濟來說，
人們根本不需要黃金。
——《關於黃金市楊》，《文集》第三卷

道德行為並不意味著

僅僅嚴格要求放棄某些生活之享受的欲望,
而是對全人類更加幸福之命運的善意關懷。
——《愛因斯坦通信選》

腦力勞動者不僅應當為他們自己的利益,
也應當為全社會的利益團結起來。
知識分子之間缺少組織,
部分的說明這個集團的才智和經驗,
一般還很少用於政治目的。
——《腦力勞動者組織》,《文集》第三卷

我們的勞動市場所依賴的是,
當生產機構進行技術上最有利的運轉時,
所有能勞動的人都能用得上。
但情形已完全不再是如此。
——《統一場論與經濟問題》,《文集》第三卷

制度要是得不到個人責任感的支持,
從道義的意義上來說,
它是無能為力的。
這就是為什麼任何喚起和加強這種責任感的努力,
都成為人類的重要貢獻。
——《國家與個人良心》,《文集》第三卷

我要做的只是——

以我微薄的力量為真理和正義服務，
即使不為人喜歡也在所不惜。
——《愛因斯坦通信選》

手段的完善和目標的混亂，
似乎是——照我的見解——我們這個時代的特徵。
如果我們真誠地並且熱情地期望安全、幸福，
和一切人們的才能的自由發展，
我們並不缺少去接近這種狀態的手段。
——《科學的共同語言》，《文集》第一卷

在像我們這個令人焦慮和動盪不定的時代，
難以在人性中和在人類事務的過程中找到樂趣，
在這個時候來想念起開普勒，
（指十五世紀德國的天文學家）
那樣高尚而淳樸的人物，
就特別感到欣慰。
——《開普勒》，《文集》第一卷

我們要在苦難中，
在爭取實現更美好的人類社會的奮鬥中，
努力團結一致，
我們的先知已經那麼清楚而有力地，
把這樣的社會作為目標在我們面前樹立起來。
——《致華沙猶太區戰鬥英雄》，《文集》第三卷

想像力比知識更重要

因為知識有限，而想像力概括著世界上的一切，
推動著它向前進步，並且是知識進化的源泉。
嚴格地說，想像力是科學研究中的實在因素。
　　——《愛因斯坦通信選》

一個人精神受到壓抑會得精神病，

同樣的，一個社會組織面臨嚴重的難題也會害病。

不過，國家雖有這種困難，

通常還是能繼續存在下去。

　　——《愛因斯坦通信選》

我們必須使我們的思想革命化，

使我們的行動革命化，

且必須有勇氣

使全世界的國家與國家之間的關係來一個革命化。

　　——《給國際知識界和平大會的賀信》，《文集》第三卷

使我們人類生活定型的最重要因素，

是樹立並使人民接受一個目標。

這個目標就是自由幸福的人類公社，

要求人們通過內心不斷的努力奮鬥，

把自己從反社會性和破壞性的本能的遺傳中解放出來。

　　——《人類生活的目標》，《文集》第三卷

科學無止境，

它是一個永恒之謎。

——《愛因斯坦通信選》

對於在不可抗拒的強迫下所做的事，

個人是不能負責任的，

因為他完全依賴他生活在其中的社會，

所以，必須受它支配。

——《國家與個人良心》，《文集》第三卷

對於技術在我們這個時代的誤用，

像牛頓那樣的有創造能力的思想家，

也像星星一樣，

是不負什麼責任的；

他們的思想由於凝視這些星星而展翅高飛。

——《牛頓》，《文集》第一卷

第三節

文化教育

作為一個對人類精神幼年時期的教育方法，
它（指電影）是無可匹敵的，
因為電影有可能使思想戲劇化，
這就比別的任何辦法更易為兒童所理解。
——《電影的作用》，《文集》第三卷

使青年人發展批判的獨立思考，
對於有價值的教育也是生命攸關的。
由於太多太雜的學科（學分制），
造成的青年人的過重負擔，
大大的危害了這種獨立思考的發展。
各種負擔過重必導致膚淺。
——《培養獨立思考的教育》，《文集》第三卷

人的思想是受他的文化所約束的，

他的思想特徵是由他的文化環境鑄造而成的。

——《與柯亨的談話》，《文集》第一卷

對於學校來說，最壞的事是，

主要靠恐嚇、暴力和人為的權威這些辦法來進行工作。

這種做法摧殘學生的健康感情；誠實和自信。

它製造出來的是順從的人。

——《論教育》，《文集》第三卷

有時，人們把學校簡單地看作是一種工具，

靠它來把最大量的知識傳授給成長中的一代。

但這種看法是不正確的。

因為知識是死的，

學校卻要為活人服務。

——《論教育》，《文集》第三卷

一個人要學習並且講授那些……

在他心裡不能完全接受的東西，

總是一件困難的事，

對於一個耿直成性的人，

一個認為明確就意味著一切的人，

這更是一種雙倍的困難。

——《埃倫菲斯特》，《文集》第一卷

無知和自私的教師

對青少年心靈的摧殘所引起的屈辱和精神壓抑，
是永不能解脫的，而且常常使以後的生活受到有害的影響。

——《埃倫菲斯特》，《文集》第一卷

教育的唯一職能，就是打開通向思考和知識的道路，
而學校，作為人民教育的主要機關，
應當專門為這個目的服務。

——《目標》，《文集》第三卷

永遠不要把你們的學習當作一個任務，
而要當作一個難得的機會，
為了你們自己的興趣，
去學習和了解美在精神領域內的自由影響，
為了你今後會在其中工作的社會的利益而學習。

——《愛因斯坦通信選》

儘管擺在我們面前的課程本身都是有意義的，
可是我仍要花費很大的氣力才能基本上學會這些東西。
對於像我這樣最好沈思的人來說，
大學教育並不是有益的。

——《自述片段》，《文集》第一卷

學校和教師

必須防範使用那種容易產生個人野心的簡單辦法，
去引導學生從事辛勤的工作。
——《論教育》，《文集》第三卷

凡是對共同的世界文化稍微關心的人，
現在都有雙倍的責任，
為維護這種文化所必須引為依據的那些原則而起來鬥爭。
——《自述片段》，《文集》第一卷

教育和學校的職能究竟是什麼呢？
它們應當去幫助青年人在這樣一種精神狀態中成長，
使他感到這些基本原則，
對他來說就好像他所呼吸的空氣一樣。
單憑教導是不能做到這一點。
——《目標》，《文集》第三卷

儘管大學裡的講座很多，
但明智的和高尚的教師卻很少見。
講堂很多也很大，
但真正渴望真理和正義的青年人卻不多。
自然界慷慨地生產出普通的庸才，
卻難得創造出有高超才能的人。
——《學術自由》，《文集》第三卷

如果青年人

通過體操和走路訓練了他們的肌肉和體力的耐勞性，
以後他就會適合任何體力的勞動。

——《論教育》，《文集》第三卷

近代人類學，

通過所謂原始文化的比較研究告訴我們：

隨著主要的文化型式和社會中占優勢的組織類型的不同，

人類社會行為可以相差很大。

——《為什麼要社會主義》，《文集》第三卷

那些對人類道德教育負有責任的人，

面臨著一次重大的任務，

並且有一個挑戰的機會。

我認為原子科學家已經相信，

他們不能單用邏輯來喚起美國人民認清原子時代的真理。

必須加上深摯的感情力量，

也就是宗教的基本成分。

希望不僅是教堂，

而且學校、大學和主要輿論機構都能在這方面，

很好地盡到它們獨特的責任。

——《原子戰爭與和平》，《文集》第三卷

傳統和教育具有節制的作用，

使居住在那裡的人民之間產生了互相忍讓的關係。

——《給國際知識界和平大會的賀信》，《文集》第三卷

發展獨立思考和獨立判斷的一般能力，

應當始終放在首位，

而不應當把獲得的專業知識放在首位。

如果一個人掌握了他的學科的基礎理論，

並且學會了獨立思考和工作，

他必定會找到他自己的道路，

而且比起那種主要以獲得細節知識為其培訓內容的人來，

他一定會更好地適應進步和變化。

——《論教育》，《文集》第三卷

對個人的教育，

除了要發揮他本人天賦的才能，

還應當努力發展他對整個人類的責任感，

以代替我們目前這個社會中對權力和名利的讚揚。

——《為什麼要社會主義》，《文集》第三卷

在學校裡和在生活中，

工作的最重要動機是工作中的樂趣，

是工作獲得結果時的樂趣，

以及對這個結果的社會價值的認識。

——《論教育》，《文集》第三卷

學校的目標

應當是培養有獨立行動和獨立思考的人。

——《論教育》，《文集》第三卷

最重要的教育方法總是鼓勵學生去實際行動。

這對於初學的兒童第一次學寫字如此，

對於大學裡寫博士學位論文也是如此。

就是在簡單地默記一首詩，寫一篇作文，

解釋和翻譯一段課文、

解一道數學題目或者進行體育運動鍛鍊，

也都無不如此。

——《論教育》，《文集》第三卷

用專業知識教育人是不夠的，

通過專業教育他可以成為一種有用的機器，

但是不能成為一個和諧發展的人。

要使學生對價值有所理解並產生熱烈一的感情，

——那是最基本的。

——《培養獨立思考的教育》，《文集》第三卷

關於基本道德品行問題，

「正規學校教育」起不了多大作用，

因為在這個領域裡不可能做出

對全體公民都有約束力的基本決定。

——《法律與良心》，《文集》第三卷

人們應當防止

向青年人鼓吹那種以習俗意義上的成功作為人生的目標。

——《論教育》，《文集》第三卷

學校向來是把傳統的財富一代傳到下一代的最重要手段。

與過去相比，這種情況更加適合今天。

由於經濟生活現代化的發展，

作為傳統和教育的傳遞者的家庭已經消弱了。

——《論教育》，《文集》第三卷

學校的目標始終應當是：

青年人在離開學校時，

是作為一個和諧的人，

而不是作為一個專家。

照我的見解，在某種意義上，

即使對技術學校來說，

這也是正確的，儘管技術學校的學生，

將要從事的是一種完全確定的專門職業。

——《論教育》，《文集》第三卷

在選擇教材和使用教學方法上，

應當給教師以廣泛的自由。

因為強制和外界壓力

無疑也會扼殺他在安排他工作時的樂趣。

——《論教育》，《文集》第三卷

我們待人接物的態度，

大部分取決於我們在童年時代無意識地
從周圍環境吸取來的見解和感情。

——《黑人問題》，《文集》第三卷

啟發並且加強青年人的這些心理力量
（指由工作所獲得結果的樂趣）
我看這應該是學校最重要的任務。
只有這樣的心理基礎，
才能導致一種愉快的願望，
去追求人的最高財產——知識和藝術技能。

——《論教育》，《文集》第三卷

教師使用的強制手段要盡可能的少。
學生對教師尊敬的唯一源泉在於教師的德和才。

——《論教育》，《文集》第三卷

我們的希望在於教育青年
對於生活有一個比較明智的看法。
把美和手足之情帶進生活裡來，
這是人的主要志向和最高幸福。

——《和平必須確保》，《文集》第三卷

使道德成為一種強大的力量，

用它來清理良心，
也許是教育的主要任務。
——《愛因斯坦通信選》

同樣一件工作的完成，
對學生所產生的教育影響可以很不相同，
這要看推動這項工作的主因，
究竟是怕受到損害的恐懼，或自私的欲望，
還是對快樂和滿足的追求。
——《論教育》，《文集》第三卷

對和平教育的問題，
如果只是感情用事，
而不是從現實主義的立場出發來處理，
那是有危險的。
要是不充分了解這個問題的根本困難，
就會一無所獲。
——《教育與世界和平》，《文集》第三卷

政府能夠而且應當保護所有的教師不受任何經濟壓迫，
這種經濟壓迫會影響他們的思考。
它應當關懷出版好的、廉價的書籍，
並且廣泛地鼓勵支持普及教育。
——《民主與學術自由》，《文集》第三卷

· 白髮使愛因斯坦更具睿智！

在學校裡，

歷史課應該用來作為講述人類文明進步的工具，
而不應該用來灌輸帝國主義勢力和軍事成功的理想。
——《教育與世界和平》，《文集》第三卷

關鍵在於發展孩子對遊戲的天真愛好

和獲得讚許的天真願望，

並且把孩子引向對於社會很重要的領域；

這種教育主要是建立在希望得到

有成效的活動能力和社會認可的願望之上的。

如果學校從這樣的觀點出發，工作很成功，

那麼它就會受到成長中的一代的高度尊敬。

——《論教育》，《文集》第三卷

大學教育並不總是有益的。

無論多好的食物強迫吃下去，

總有一天會把胃口和肚子搞壞的。

純真的好奇心的火花會漸漸地熄滅。

幸運的是，對我來說，

這種智力的低落在我學習年代的幸福結束之後，

只持續了一年。

——《自述片段》，《文集》第一卷

教育應當使所提供的東西

是讓學生作為一種寶貴的禮物來領受，
而不是作為一種艱苦的任務要他去負擔。
──《培養獨立思考的教育》，《文集》第三卷

遺憾的是，

我發現這一切特性（指自覺學習）正是我最為欠缺的。

於是我逐漸學會抱著某種負疚的心情自由自在的生活，

安排自己去學習那些適合於我的求知欲和興趣的東西。

──《自述片段》，《文集》第一卷

在地理課中，應該啟發學生

對於不同的民族的特性有一種深懷同情的理解，

這種理解應該包括──

那些通常認為是「原始的」或「落後的」民族在內，

這一點至少有間接的重要性。

──《教育與世界和平》，《文集》第三卷

有思想和有責任感的人們，

應當通過一種耐心的政治啟蒙過程來與這種壞事

（指不關心政治）進行鬥爭，

而這種啟蒙作用，

也是反對法西斯主義和軍國主義的唯一的有效武器。

──《群眾政治上的成熟程度與革命》，《文集》第三卷

唯一合理的教學方法

是做出榜樣——

要是實在沒有辦法，就懲一做百。

——《論教育》，《文集》第三卷

過分強調競爭制度，

以及依據直接用途而過早專門化，

這就會扼殺包括：

專業知識在內的一切文化生活所依存的那種精神。

——《培養獨立思考的教育》，《文集》第三卷

在我看來，

中國賢哲沒有走上這兩步

（指希臘發明的形式邏輯體系

和系統實驗可能找出的因果關係），

那是用不著驚奇的。

令人驚奇的倒是這些發現「在中國」全部做出來了。

——《西方科學的基礎與中國古代的發明》

它（指學校）應當發展年輕人

那些有益公共福利的品質和才能。

但這並不意味著個性應當消滅，

而個人只變成像一隻蜜蜂或螞蟻那樣——

僅僅是社會的一種工具。

——《論教育》，《文集》第三卷

第四節

宗　教

科學沒有宗教就像跛子，
宗教沒有科學就像瞎子。
　　——〈科學與宗教〉，《文集》第三卷

在我看來，
人類精神愈是向前進化，
就愈可以肯定地說，
通向真正宗教感情的道路，
不是對生和死的恐懼，
也不是盲目的信仰，
而是對理性知識的追求。
——《科學與宗教》，《文集》第三卷

宗教時常引起了敵對和衝突，

而不是用普遍的道德觀念使人類團結起來。

——《道德與感情》，《文集》第三卷

宗教只涉及對人類思想和行動評價：

它不能夠有根據的談到各種事實以及它們之間的關係。

依照這種解釋，

過去宗教與科學之間人所共知的衝突，

則應當完全歸咎於上述情況的誤解。

——《科學與宗教》，《文集》第三卷

宗教為實現道德的原則而努力，

這是人們所高興的。

但是道德訓示不單是與教會和宗教有關，

而且是全人類最寶貴的遺產。

——《道德與感情》，《文集》第三卷

這個認為有一個全能、

公正和大慈大悲的人格化了的上帝存在的觀念，

能給人以安慰、幫助和引導；

因為這個觀念比較簡單，

它也容易被最不開化的心靈所接受。

——《科學與宗教》，《文集》第三卷

今天宗教領域

與科學領域之間的衝突的主要來源，
在於人格化的上帝這個概念。
——《科學與宗教》，《文集》第三卷

宗教是人類長期的事業，
它要使人類清醒地、全面地意識到這些價值和目標，
並且不斷地加強和擴大它們的影響。
——《科學與宗教》，《文集》第三卷

在為美德而鬥爭中，
宗教導師們應當有魄力放棄那個人格化的上帝的教義，
也就是放棄過去曾把那麼大的權力
交給教士手裡的那個恐懼和希望的源泉。
——《科學與宗教》，《文集》第三卷

一個人受了宗教感化，
他就是已經盡他的最大可能，
從自私欲望的鐐銬中解放了出來，
而全神貫注在那些因其超越個人的價值，
而為他所堅持的思想、感情和志向。
——《科學與宗教》，《文集》第三卷

至於宗教派別的傳統，

我只能從歷史上和從心理學上來考慮；
它們對於我再也沒有別的意義。
——《科學的真理》，《文集》第一卷

一切宗教、藝術和科學都是同一株樹的各個分枝。
所有這些志向都是為著人類的生活趨於高尚，
把它從單純的生理上的生存的境界提高，
並且把個人導向自由。
——《道德衰敗》，《文集》第三卷

我的宗教思想只是對宇宙中無限高明的精神，
所懷有的一種五體投地的崇拜心情。
這種精神對我們這些智力如此微弱的人，
只顯露出了我們所能領會的極微小的一點。
——《道德與感情》，《文集》第三卷

這種信仰（指有神論），
最初來自那些充滿在人的日常生活中的恐懼，
相信這種鬼神的存在和它們有超凡的本領，
這對於人類及其行為，
曾經產生過我們難以想像的巨大影響。
——《道德與感情》，《文集》第二卷

儘管宗教的科學的領域

本身彼此是界線分明的，
可是兩者之間還是存在著牢固的相互關係和依存性。
—— 《科學與宗教》，《文集》第三卷

說一個信仰宗教的人是虔誠的，意思是說，
他並不懷疑那些超越個人的目的和目標的莊嚴與崇高；
而這些目的和目標是既不需要也不可能有理性基礎的。
—— 《科學與宗教》，《文集》第三卷

在宗教清洗掉迷信成分之後，
它所留下來的就是培養道德行為的這種最重要源泉。
在這個意義上，
宗教構成了教育的一個重要部分。
—— 《倫理教育的需要》，《文集》第三卷

如果這個神是全能的，
那麼每一件事，
包括每一個人的行動，
每一個人的思想，
以及每一個人的感情和志向也都應當是神的作品；
怎麼可能設想在這樣全能的神的面前，
還認為人們要對自己的行動和思想負責呢！
—— 《科學與宗教》，《文集》第三卷

為了保存真正的宗教，

最重要的是要避免在那些對實現宗教的目的基礎上
並非真正必要的問題上引起衝突。
——《宗教與科學不可和解嗎》，《文集》第三卷

宗教關係到人對整個自然界的態度，
關係到個人生活和社會生活理想的建立，
也關係到人的相互關係。
——《宗教與科學》，《文集》第三卷

一個受宗教支持的民族道德態度，
總是以保護和促進集體，
以及其個人的心智健全和精力充沛為其目的，
否則，這個集體必然要趨於滅亡。
——《宗教與科學》，《文集》第三卷

在人類精神進化的幼年時期，
人的幻想按照人自己的樣子創造出了各種神來，
而這些神則被認為通過它們意志的作用，
在決定著或者無論如何在影響著這個現象世界。
人們企求借助於巫術和祈禱來改變這個神的意向，
使其有利於他們自己。
——《科學與宗教》，《文集》第三卷

在我們這個唯物論的時代，

只有嚴肅的科學工作者才是深信宗教的人。

——《宗教與科學》，《文集》第一卷

一神教在不同的民族和不同的人群中間有不同的形式。

儘管這些差別絕不是根本性的，

可是不久它們就比共同的本質更為人們所重視。

——《道德與感情》，《文集》第三卷

它（指宗教）所涉及的是目標和價值，

並且一般地也涉及人類思想和行動的感情基礎，

只要這些不是為人類的不可改變的遺傳下來的本性

所預先決定了的。

——《宗教與科學不可和解嗎》，《文集》第三卷

雖然宗教規定在個人和團體之間，

都應當兄弟般地相親相愛，

但實際景象倒更像一個戰場，

而不像一個管弦樂隊。

——《宗教與科學不可和解嗎》，《文集》第三卷

我以為科學

不僅替宗教的衝動清洗了它的擬人論的渣滓，
而且也幫助我們對生活的理解能達到宗教的精神境界。
——《科學與宗教》，《文集》第三卷

宗教代表人物的這種行為，
不僅是不足取的，
而且也是可悲的。
因為一種不能在光天化日之下
而只能在黑暗中站得住腳的教義，
由於它對人類進步有著數不清的害處，
必然會失去它對人類的影響。
——《科學與宗教》，《文集》第三卷

主張有一個能干涉自然界的事件的
人格化的上帝這種教義，
絕不會被科學真正駁倒，
因為這種教義總是能夠躲進——
科學知識尚未插足的一些領域裡去的。
——《科學與宗教》，《文集》第三卷

共產主義制度在東方的力量的一個源泉，
在於它在某些方面帶有宗教的特徵，
而且它激勵起一種類似於宗教的情結。
——《原子戰爭與和平》，《文集》第三卷

由於讀了通俗的科學書籍，

我很快就相信，

《聖經》裡的故事有許多不可能是真實的。

——《自述》，《文集》第一卷

我認為宇宙宗教感情，

是科學研究的最強有力的最高尚的動機。

只有那些做了巨大努力，

尤其是表現出熱忱獻身——要是沒有這種熱忱，

就不能在理論科學的開闢性工作中取得成就的人，

才會理解這樣一種感情的力量，

唯有這種力量，

才能做出那種確實是遠離直接現實生活的工作。

——《宗教與科學》，《文集》第一卷

只有獻身於同樣目的的人，

才能深切地體會到，

究竟是什麼在鼓舞著這些人，

並且給他們以力量，

使他們不顧無盡的挫折，

而堅定不移地忠誠於他們的志向，

給人以這種力量的，就是宇宙宗教感情。

——《宗教與科學》，《文集》第一卷

在我們這個講究物質享受的時代，

唯有那些具有深摯宗教感情的人，
才是認真探索的人。

——《與施特恩的談話》，《文集》第三卷

宗教感情所採取的形式，
是對自然規律的和諧所感到的狂喜的驚奇，
因為這種和諧顯示出這樣一種高超的理性，
與它相比，
人類一切有系統的思想和行動，
都只是它的一種微不足道的反映。
只要他能從自私欲望的束縛中擺脫出來，
這樣的感情就成了他生活和工作的指導原則。

——《科學的宗教精神》，《文集》第一卷

從事科學工作的人的這種態度，
在某種意義上來說，
是一種宗教的態度，
對他們的整個人格也有一定的影響。
因為，除了科學工作者從積累的經驗
和邏輯的規律所獲得的知識以外，
在理論上就不存在任何
可以把自己的決定和論述宣布為「真理」的權威。

——《科學家的道義責任》，《文集》第三卷

整個科學，

不過是日常思考加以精煉的成果。

——《愛因斯坦通信選》

固然科學的結果是與宗教的或者道德的考慮完全無關的，
但是那些我們認為在科學上有偉大創造成就的人，
全都浸染著真正的宗教的信念，
他們相信我們這個宇宙是完美的，
並且是能夠使追求知識的理性努力有所感受。

——《宗教與科學》，《文集》第三卷

我覺得，如果按照宗教這個詞的公認意義，
那就很難說它是一種宗教，
特別是要求於猶太人的，
不是「信仰」，
而是超越個人意義上的生命的神聖化。

——《有沒有一種猶太人的生命觀》，《文集》第三卷

我們沒有找到一個比「宗教的」這個詞更好的詞彙，
來表達「我們」對實在的理性本質的信賴。
在這種「信賴的」感情不存在的地方，
科學就退化為毫無生氣的經驗。

——《給M‧索洛文的信》，《文集》第一卷

我們當中有許多人都是幼稚的，

而且有些人比其他人更幼稚些。
但是，如果一個人知道他是幼稚的，
這種自知之明就會成為他一生中的積極因素。
——《愛因斯坦通信選》

你很難在造詣較深的科學家中間
找到一個沒有自己的宗教感情的人。
但是這種宗教感情與普通人的不一樣。
在後者看來，
上帝是這樣的一種神，
人們希望得到它的保佑，
而害怕受到它的懲罰。
這種感情類似於孩子對父親的那種感情的昇華，
對於這種神，
人們與它建立起多少像是個人之間的那種親切關係，
儘管它被渲染成為多麼可敬畏的東西。
——《科學的宗教精神》，《文集》第一卷

一切時代的宗教天才之所以超凡出眾，
就在於他們具有這種宗教感情，
這種宗教感情不知道什麼教條，
也不知道照人的形象而想像成的上帝；
因而，也不可能有哪個教會
會拿它來作為中心教義的基礎。
——《宗教與科學》，《文集》第一卷

學習知識，

要善於思考、思考、再思考。
我就是靠這樣的學習方法成為科學家。
——《愛因斯坦通信選》

一切文明人，特別是東方人的宗教，
主要都是道德宗教。
從恐懼宗教發展到道德宗教，
實在是民族生活的一大進步。
但是，我們必須防止這樣一種偏見，
以為原始宗教完全是以恐懼為基礎，
而文明人的宗教則純粹以道德宗教為基礎。
實際上，一切宗教都是這兩種類型的不同程度的混合，
其區別在於：
隨著社會生活水平的提高，
道德性的宗教也就愈占優勢。
——《宗教與科學》，《文集》第一卷

它（指《聖經》）因為既有正確的東西，
也有不正確的東西而能叫做一種「科學」，
正如目前的「宇宙學理論」一樣。
——《時間箭頭，基本概念的危機及其他》

耐心和恒心，
總會得到報酬。
—— 《愛因斯坦通信選》

照我的看法，

在能夠接受這種感情（指宗教感情）的人中間，

把這種感情激發起來，

並且使它保持蓬勃的生氣，

這正是藝術和科學的最重要的功能。

—— 《宗教與科學》，《文集》第一卷

當人們在歷史上來看這個問題時，

他們總是傾向於認為科學與宗教是勢不兩立的對立物，

其理由是非常明顯的。

凡是徹底深信因果律的普遍作用的人，

對那種由神來干預事件進程的觀念，

是片刻不能容忍的——當然，

要假定他是真正嚴肅地接受因果性假說的。

—— 《宗教與科學》，《文集》第一卷

他們所相信的那些到處支配著他們的想像的鬼神，

昰他們按照自己的形象在頭腦裡製造出來的，

但是，它們卻被賦有超人的本領。

這些鬼神就是上帝這一觀念的原始形式。

—— 《道德與感情》，《文集》第三卷

你瞧，

一隻盲目的甲蟲在一個球面爬行，
牠竟意識不到牠所走過的路是彎的。
幸而我能意識到。

——《愛因斯坦通信選》

社會衝動是形成宗教的另一個源泉。
父親、母親和範圍更大的人類集體的領袖，
都免不了要死和犯錯誤。
求的引導，慈愛和扶助的願望，
形成了社會的或者道德的上帝概念。
就是這個上帝，他保護人，支配人，獎勵人和懲罰人；
上帝按照信仰者的眼光所及的範圍，
來愛護和撫育部族的生命，
或者是人類的生命，或者甚至是生命本身；
他是人在悲痛和願望不能滿足的安慰者；
他又是死者靈魂的保護者。
這就是社會的或者道德的上帝概念。

——《宗教與科學》，《文集》第一卷

因為在這一階段（指人類的原始階段）的人類生活中，
對因果關係的理解，
通常還沒有很好發展，
於是人類的心理就造出一些多少
可以與他們自己相似的虛幻的東西（指鬼神）。

——《宗教與科學》，《文集》第一卷

沒有僥倖這回事，

最偶然的意外也都有其必然性。
——《愛因斯坦通信選》

只要稍微考查一下就足以使我們明白，
支配著宗教思想和宗教經驗生長的各式各樣的情感。
在原始人心裡，
引起宗教觀念的最主要的恐懼——
對飢餓、野獸、疾病和死亡的恐懼。
——《宗教與科學》，《文集》第一卷

在很多情況下，
那些由別的因素而獲得一定地位的首領、
統治者或者特權階級，
為了鞏固他們的世俗權力，
就把這種權利同僧侶的職司結合起來；
或者是政治上的統治者與僧侶階級
為了他們各自的利益而合作起來去進行共同的事業。
——《宗教與科學》，《文集》第一卷

猶太人的上帝簡直是對迷信的否定，
是消除了迷信之後的幻想的結果。
它也是把道德戒律建立在恐懼上的一種嘗試。
——《有沒有一種猶太人的生命觀》，《文集》第三卷

判斷一個人的價值，

應該看他貢獻什麼，而不應看他取得什麼。

——《愛因斯坦通信選》

這種宗教（指恐懼宗教）

雖然不是由一些什麼人創造出來的，

但由於形成了一個特殊的僧侶階級，

它就具有很大的穩定性；

僧侶階級把自己作為人民和他們

所害怕的神鬼之間的中間人，

並且在這個礎上建立起自己的霸權。

——《宗教與科學》，《文集》第一卷

一個有賞有罰的上帝，

是他所不能想像的，

理由很簡單：

一個人的行動總是受外部和內部的必然性決定的，

因此在上帝眼裡，就不能要他負什麼責任，

正像一個無生命的物體不能對它的行為負責一樣。

——《宗教與科學》，《文集》第一卷

第五節

民　族

這些勞動者是在自願的基礎上，
挑選出來的整個猶太民族中的精華，
是一群堅強、剛毅、滿懷信心和公正無私的優秀的人。
——《勞動的巴勒斯坦》，《文集》第三卷

他們並不是把自己雙手的勞動，
出賣給出最高價格的投標商人的那種愚昧無知的苦力，
而是受過教育，智力上充滿活力的自由的人。
由於他們與荒蕪的土地做和平的鬥爭，
使得整個猶太民族成為直接或者間接的受益者。
——《勞動的巴勒斯坦》，《文集》第三卷

一個以虛偽、誹謗、欺詐

和謀殺為光榮的民族，
一定是不可能維持很久的。
——《宗教與科學不可和解嗎》，《文集》第三卷

為知識而追求知識，
幾乎狂熱地酷愛正義，
以及要求個人獨立的願望——
這些都是猶太人傳統的特徵，
並使我為自己屬於它而感到慶幸。
——《猶太人的思想》，《文集》第三卷

種族偏見不幸已成為美國的一種傳統。
它無批判的從一代傳到下一代。
唯一的補救辦法是啟蒙和教育。
這是所有正直的人都應當參與的一種緩慢而費勁的過程。
——《答「旦尼紀錄」問》，《文集》第三卷

每個民族與任何別的民族往往有不同的感情，
並且常常讓自己的行為受偏見的控制。
我們要認識到我們自己的偏見，
並且學會去克服它們。
——《和平必須確保》，《文集》第三卷

我深信猶太人對知識

（就最廣泛意義來説）進步所做的貢獻，
完全是出於這種對理智努力的高度尊重。

——《為什麼要仇視猶太人》，《文集》第三卷

少數民族——尤其是組成這些民族的個人，
是能夠由生理的特徵來識別的——
在他們生活於其間的多數民族中，
往往被看作是劣等民族。

——《給美國黑人的信》，《文集》第三卷

中國人受人注意的是他們的勤勞，
是他們對生活方式和兒童福利的要求的低微。
他們比印度人更樂觀，也更天真。
他們大多數是負擔沉重的，
男男女女為每口五分錢的工資天天敲石了。
實在是一幅悲慘的圖像。

——《對上海的印象》，《文集》第三卷

我不顧猶太人和非猶太人的種種非議，
勇敢地投身於猶太人的事業，
我們的種族同胞多半是聰明有餘，而勇氣不足，
對此我有確切的體會。

——《第一次訪美感受》，《文集》第三卷

· 愛因斯坦在自家走廊的陽台

對一切來說，

只有「熱愛」才是最好的老師。

——《愛因斯坦通信選》

我們的政策的最重要方面，

應當是始終如一地表明我們這樣的願望，

確認生活在我們中間的阿拉伯公民完全平等，

並且體諒他們目前處境的內在困難。

如果我們實行了這種政策，

我們就會贏得忠誠的公民，

而且我們還會逐漸地、

肯定地改進我們同阿拉伯世界的關係。

——《以色列所應採取的政策》，《文集》第三卷

我相信，

凡是徹底認真地努力思考問題的人，

都會立即承認這種歧視黑人的傳統偏見，

是多麼不光彩和多麼可悲。

但是，有善良意志的人

又該怎樣與這種根深柢固的偏見作鬥爭呢？

他也應當有勇氣用文字和行動來樹立榜樣，

並且應當注意使他們的孩子，

不要受到這種種族偏見的影響。

——《黑人問題》，《文集》第三卷

人們解決世界上的問題，

靠的是大腦的思維和智慧，
而不是照搬書本。
——《愛因斯坦通信選》

在上海，歐洲人形成一個統治階級，
而中國人則是他們的奴僕。
他們好像是受折磨的、魯鈍的、不開化的民族，
而同他們國家的偉大文明的過去好像毫無關係。
他們是淳樸的勞動者，
歐洲人所以欣賞他們的也正是這一點。
——《對上海的印象》，《文集》第三卷

這個在勞動著，在呻吟著，
並且是頑強的民族……
這是地球上最貧困的民族，
他們被殘酷的虐待著，
他們所受的待遇比牛馬還不如。
——《對上海的印象》，《文集》第三卷

我們有責任來維持和鞏固我們的共同體。
有一種對正義和理性的熱愛保留在猶太人傳統中，
這必將對現在和將來一切民族的美德繼續發生作用。
在近代，這個傳統已經產生了斯賓諾莎和馬克思。
——《猶太共同體》，《文集》第三卷

世界上什麼工作最艱苦？

思考問題。

——《愛因斯坦通信選》

在被統治的人們中間製造不合，

使他們不致於團結起來，

以擺脫加在他們身上的枷鎖。

不錯，枷鎖已經丟掉，

但是糾紛的種子卻已經結出果實，

這對今後一個時期仍然會造成損害——

我們希望這個時間不會太長。

——《以色列的猶太人》，《文集》第三卷

今天我們這個世界中，

人的原始的激情盛行，

比以前任何時候都更加放肆。

我們猶太人無論在哪裡，

都是很小的民族，

沒有辦法用武力來保衛自己，

比起世界上任何別的民族來，

經受了更大得多的最殘酷的苦難，

甚至幾乎被完全滅絕。

——《人類生活的目標》，《文集》第三卷

科學研究能破除迷信，

它鼓勵人們根據因果關係思考和觀察事物。

——《愛因斯坦通信選》

我們唯一的目的是申明我們這樣一個深切的信念：

歐洲必須聯合起來保衛它的土地，

它的人民和它的文化，

這個時機已經到來。

我們公開聲明我們關於歐洲統一的信念，

這個信念，我們相信是為許多人所共有的。

——《告歐洲人書》，《文集》第三卷

我非常願意看到與阿拉伯人，

在和平共處基礎上達成公平合理的協議，

而不希望創立一個猶太國。

除了實際的考慮以外，

我所認識到的猶太民族的本性，

是與猶太國的思想相抵觸的，

而不管它的邊界、

軍隊和世俗權力多麼有節制。

——《猶太復國主義》，《文集》第三卷

我把「教育」定義如下：

它是忘卻在學校學得到的全部內容之後所剩下的本領。

——《愛因斯坦通信選》

　

我怕從內部損害猶太民族，

——特別是由我們自己的行列裡發展起來的

一種狹隘民族主義所造成的損害——會持續下去，

甚至在沒有猶太國的時候，

我們就已經不得不與這種狹隘的民族主義，

進行堅決的鬥爭。

——《猶太復國主義》，《文集》第三卷

歧視黑人的種族偏見是多麼鄙陋！

它是我們社會的致命傷；

為了戰勝這根深柢固的偏見，

有善良意願的人，能做些什麼呢？

必須有勇氣用言語和行動做出榜樣，

注意不要讓自己的孩子受種族偏見的影響。

——《愛因斯坦通信選》

第六節

正　義

我們目前制度中存在著的道德標準，
以及我們一般的法律和習俗，
都是各個時代的無數個人，
為表達他們認為正義的東西所做的努力積累起來的結果。
—— 《國家與個人良心》，《文集》第三卷

我相信個人應當根據他的良心行事，
即使這種行動勢必觸犯國家的法律。
我相信他應當這樣做，
即使他明明知道他會被當局判罪，
他也應當如此。
—— 《法律與良心》，《文集》第三卷

我們忍受痛苦而死，

為的是使你們能夠自由，
使和平和正義能夠勝利。
——《為陣亡烈士紀念碑所擬的題詞》，《文集》第三卷

凡是人一旦看到了理性和正義的光輝，
他就應當準備完全的自我犧牲。
——《悼念鮑爾・朗之萬》，《文集》第一卷

即使在我們這樣的時代；
政治狂熱和暴力像劍一樣懸在痛苦和恐懼的人的頭上，
可是我們追求真理的理想的鮮明旗幟還是高舉著。
——《悼念麥克斯・普朗克》，《文集》第一卷

人類的命運在今天比以前任何時候，
都要更依靠它的道義的力量。
通向愉快幸福生活的道路，
無論在哪裡都是要經過權利的放棄和自我克制的。
——《經濟抵制》，《文集》第三卷

我們的朋友固然不是很多，
但他們中間有具有強烈正義感的精神高尚的人，
他們把自己的一生獻給了提高人類社會，
並且使個人從卑鄙的壓迫中獲得解放的事業。
——《猶太共同體》，《文集》第三卷

我想做的事，

不過是以我微弱的能力，
來為真理和正義服務，
並準備為此甘冒不為任何人歡迎的危險。
——《為以色列「獨立紀念日」準備的未完成講稿》，《文集》第三卷

在長時期內，我對社會上那些——
我認為是非常惡劣的和不幸的情況公開發表了意見，
對它們沈默就會使我覺得是在犯同謀罪。
——《人權》，《文集》第三卷

我深信，熱烈追求正義和真理的熱忱，
其為改善人類的狀況所做的貢獻，
要勝過政治上的權謀術數，
後者終究只會引起普遍的不信任。
——《道德衰敗》，《文集》第三卷

只要我們仍然是真理、
正義和自由的忠實勤務員，
我們就不僅要繼續像現存的最古老的民族那樣生存下去，
而且要像以前一樣，
用創造性的工作所產生的成果，
為提高人類的精神境界而伸出貢獻。
——《猶太人的理想》，《文集》第三卷

日積月累的非正義行為的壓力，

使得人心中的道義力量加強了，

這種力量會使公眾生活得到解放並清除它的污泥濁水。

——《猶太復國主義》，《文集》第三卷

對於一個正直的和善良的人來說，

沒有比認識到他是在全心全意地——

為這一正義事業（指和種族偏見做鬥爭）

服務更使他感到滿意的了。

——《黑人問題》，《文集》第三卷

我知道有這樣的情況：

具有非凡道德力量的正直的人，

正是由於這個緣故，

（指個人不參與有害的活動）

而與國家機關發生了衝突。

——《人權》，《文集》第三卷

第七節

戰　爭

以前任何一次戰爭都沒有像現在這樣，
完全破壞文化合作，
而這次戰爭（指第一次世界大戰）
恰恰又發生在這樣一個時候；
技術和交通的進步，
使我們清楚地認識到需要有國際交往，
而這種關係必將走向普遍的全世界的文明。
　　──《告歐洲人書》，《文集》第三卷

我們大家都知道，
強權政治遲早總要引起戰爭，
而且在日前情況下，
戰爭就意味著人類生命財產的毀滅，
毀滅的規模將遠遠超過歷史上曾經出現過的。
　　──《對蘇聯科學家的答覆》，《文集》第三卷

只有創立一個

以法律為依據的超國家制度來消滅獸性的暴力手段，
人類才能得救。
——《科學家的道義責任》，《文集》第三卷

為戰爭辯護而提出的種種藉口，
只不過是用來煽動那些——
不是很好戰的人們的作戰意志而已。
——《對戰爭起因的看法》，《文集》第三卷

只要各個國家有計劃地繼續備戰，
那麼恐懼、互不相信和自私自利的野心，
就會再次導致戰爭。
——《反對一切戰爭的理由》，《文集》第三卷

我們必須了解戰爭的經濟根源。
基本的困難在於人的自私自利的欲望，
而這些人把利益置之於人類利益之上。
——《和平必須確保》，《文集》第三卷

我不相信文明會因在戰爭中使用了原子彈而毀滅掉。
也許地球上有三分之二的人會死亡。
但還會留下有思想的人和足夠的書籍，
能使我們從頭開始重建文明。
——《要原子戰爭還是要和平》，《文集》第三卷

做正確的事，

什麼人都不會兩樣，
最痛苦的是大規模發生的社會事件
完全受盲目的衝動所驅使、所支配。
——《70歲生日的心情》，《文集》第一卷

去反對製造某些特殊的武器，
那是無濟於事的；
唯一解決的辦法是消除戰爭和戰爭的威脅。
這是我們奮鬥的目標，
我們必須下決心抵制一切違反這個目標的活動。
——《給「改造」雜誌的聲明》，《文集》第三卷

只有克服了對擴軍備戰政策的這種迷戀，
我們才能把注意力集中於我們所面臨的實際政治問題；
努力去發現我們怎樣才能做出最好的貢獻，
使得在這個不斷縮小的地球上能活得比較安全、
比較過得去。
——《美國的擴軍備戰是文化衰落的病根》

國內的和國際的經濟利益對抗，
是今天世界上存在著危險的和威脅性的局勢的主要原因。
人類還沒有建立起能夠保證——
世界各國之間和平共處的政治和經濟的組織形式，
在建立能夠消除戰爭的可能性，
和永遠廢除大規模毀滅性武器的制度上也未獲得成功。
——《給和平大會的信》，《文集》第三卷

進行戰爭，

既意味著殺害無辜者，
也意味著讓自己的無辜被殺。

——《反對一切戰爭的理由》，《文集》第三卷

為保證萬一發生戰爭時能取勝，
在和平時期我們就必須組織我們的全部生活和工作，
因為強大的敵人不僅威脅著我們的自由，
也威脅著我們的生存。

——《美國的擴軍備戰是文化衰落的病根》

暴力所招來的總是一些品德低劣的人，
而且我相信，天才的暴君總是由無賴來繼承，
這是一條千古不變的規律。

——《我的世界觀》，《文集》第三卷

在我看來，戰爭是多麼卑鄙、下流！
我寧願被千刀萬剮，
也不願參與這種可憎的勾當。

——《我的世界觀》，《文集》第三卷

一次或者多次戰爭的唯一結果，
只能是出現一個強國
以其壓倒一切的軍事霸權來統治和支配世界的其餘部分。

——《原子戰爭與和平》，《文集》第三卷

暴民

是最容易幹壞事的，
理智的話他們聽不進去。

——《50年的思考還不能回答光量是什麼》，《文集》第三卷

在戰爭時期，
一切物資都是按照軍事的目的集中起來，
於是就滋長了一種支配一切的軍國主義精神。
由於突然的勝利，
這種精神也就進一步得到加強。

——《軍國主義精神》，《文集》第三卷

戰爭對國際合作的發展是最可怕的障礙，
尤其在於它對文化的影響。
戰爭破壞了知識分子從事創造性工作
所不可缺少的一切條件。

——《科學家與愛國主義》，《文集》第三卷

我深信一個防止戰爭的政策是迫切需要的，
我們不能等到確定了是否可以一勞永逸地，
解決什麼是「正義」的問題以後，才去考慮它。

——《對戰爭起因的看法》，《文集》第三卷

新的戰爭

就意味著大部分人口被火、
毒氣和化學藥品同時消滅。
——《全世界裁軍宣言》，《文集》第三卷

自然科學家容易接受和平主義的目標，

那是因為他所處理的題材具有普遍的特徵，

使他必須依靠國際合作。

經濟學家也是這樣，

他們必然會認為戰爭對經濟有一種破壞瓦解作用。

——《科學家與愛國主義》，《文集》第三卷

今天，軍國主義精神的存在，

比過去任何時候都更危險；

因為可以供侵略國利用的武器，

要比防禦的武器威力強得多。

這一事實不可避免地會產生一種導致預防性戰爭的思想。

——《軍國主義精神》，《文集》第三卷

戰爭傾向是人類本性的一部分，

正像河水要時常泛濫是它本性的一部分一樣；

並且也正像需要用人為的辦法來防止洪水那樣，

人類也必須採取人為的辦法來防止戰爭。

——《對戰爭起因的看法》，《文集》第三卷

第八節

和　平

實際上每個人都明白，

要是沒有超國家基礎上的可靠的和平，

就只有同歸於盡，二者必居其一。

可是人們甚至有了一點機會

可以按照這樣的認識去行動時，

他們卻無所作為；

他們全都是這種社會壓力的受害者，

而他們自己也助長了這種壓力。

——《為了防止可能來臨的厄運出點力》

追根到柢，人們的和平共處，

首先是靠相互信任，

而信任的基礎是一種誠懇的互讓關係。

——《反對製造氫彈》，《文集》第三卷

凡是確實從正確的方向

來影響輿論的一切努力，
對於保衛和平都能做出重大貢獻。
——《和平主義的重新審查》，《文集》第三卷

如果我們選擇和平的道路，

那麼個人的自由和社會安全，就會等待著我們；

如果我們不這樣做，

那麼，個人的奴役和社會的毀滅，就會威脅著我們。

——《裁軍沒有漸進的道路》，《文集》第三卷

我的青年朋友們，

你們不能等待這種情況（指持久和平）的出現。

你們應當努力激勵年輕一代去堅持有遠見的和平政策。

如果你們那樣做了，

那麼你們不僅為你們自己獲得有效的保護；

你們還會比你們以前任何一代人

更多的得到國家和後代子孫的感謝。

——《走向世界政府》，《文集》第三卷

沒有一個處於負責地位的政治家敢於採取超國家安全，

這條唯一能提供一點和平希望的路線，

因為對於一個政治家來說，

遵循這樣一條路線，就等於政治上自殺。

——《為以色列「獨立紀念日」準備的未完成講稿》

珍惜文化價值的人，

就絕對會成為一個和平主義者。

——《科學家與愛國主義》，《文集》第三卷

能夠在一個人的腦袋裡，
永遠和平共處的對立和矛盾，
使得一切政治上樂觀主義者、
和悲觀主義者的體系都成為虛妄。

——《給貝克的獻詞》，《文集》第三卷

需要的是行動，而不是空話；
空話不能使和平主義者前進一步，
和平主義者必須行動起來，
從那些現在能夠做到的事情開始。

——《戰鬥的和平主義》，《文集〉第三卷

現在把世界推向戰爭的，
並不是意識形態的差別。
毫無疑問，
如果西方所有國家都實行社會主義，
但同時保持它們國家的獨立主權，
那麼仍然十分可能，
東西方爭奪權力的衝突，還會繼續存在下去。

——《要原子戰爭還是要和平·續篇》，《文集》第三卷

這些理想之一是和平，

它建立在諒解和自我克制的基礎上，
而不是建立在暴力的基礎之上。

——《以色列的猶太人》，《文集》第三卷

我不僅是一個和平主義者，
而且是一個戰鬥的和平主義者。
我決心為和平而戰鬥。
要不是人民自己拒絕作戰，
就沒有什麼辦法可以終止戰爭。

——《為和平而犧牲》，《文集》第三卷

但願那種促使諾貝爾設置巨額獎金的精神，
那種人與人之間的信任和信賴與寬大友好的精神，
在那些決定我們命運的人的心裡會占優勢，
要不然，人類文明將在劫難逃。

——《戰爭與和平》，《文集》第三卷

真正的和平主義者並不是想入非非的，
而是要用現實主義的方式來思考問題，
他們必須大膽地——
努力做點多少對和平主義事業有實際價值的事情，
而不應當僅僅滿足於擁護和平主義的理想。

——《戰鬥的和平主義》，《文集》第三卷

持久和平

不會來自各國的繼續相互威脅，
只有通過誠懇的努力而創造出來的相互信任才會出現。
——《走向世界政府》，《文集》第三卷

只要安全是想通過國家的戰備來尋求，
大概不會有一個國家會放棄——
任何看來使它有希望在戰爭中取得勝利的武器。
在我看來，只有放棄一切國家的軍事防衛，
安全才能達到目的。
——《關於防止戰爭問題》，《文集》第三卷

如果每個公民都認識到——
在這原子時代，
安全與和平的唯一保證是超國家政府的不斷發展，
那麼他就會盡一切力量來加強聯合國。
我認為世界上每一個有理想的和敢於負責的公民，
都必須知道他應當如何抉擇。
——《給聯合國大會的信》，《文集》第三卷

正是國際問題被放到光天化日之下進行討論這一事實，
就提供了和平解決衝突的可能性。
……要保護國家利益必須通過談判，而不是訴諸武力。
——《文化總是世界和解的一個基礎》，《文集》第三卷

我們所碰到的，

不僅是保障和維持和平的技術問題，
而且，還有啟蒙和教育的重要任務。
—— 《文明與科學》，《文集》第三卷

為人類在這個行星上實現合宜生活條件的願望，
以及對那種無法形容的毀滅的恐懼，
會使那些處於負責地位的人更聰明些和更冷靜些。
—— 《走向世界政府》，《文集》第三卷

如果自由交換個人意見得到鼓勵，
並且成為可能，
那麼知識分子也許比其他任何人，
都更能幫助兩國（指美、蘇）
之間創造一種相互諒解的氣氛。
這種氣氛是有效發展政治合作的一個先決條件。
—— 《對蘇聯科學家的答覆》，《文集》第三卷

我的和平主義是一種本能的情緒。
這種情緒佔據著我，因為殺人叫我厭惡。
我的和平主義態度不是出自什麼理論，
而是出自我對於一切殘暴和仇恨最深切的反感。
—— 《愛因斯坦通信選》

對真理的追求，

要比對真理的佔有更為可貴。

——《愛因斯坦通信選》

雖然我是一個虔誠的和平主義者，

但有些情況下，

我認為使用武力還是適當的——

那就是碰到了這樣一個敵人，

他無條件地一心要消滅我和我的民族。

除此以外的一切情況下，

用武力來解決各國之間的衝突，

我認為是錯誤的和有害的。

——《我不是一個絕對的和平主義者》，《文集》第三卷

相信通過一個國家規模的軍備可能達到安全，

在目前軍事技術狀態下，

這種信念是一種災難性的幻想。

——《為美國製造氫彈而發表的電視談話》

第九節

民　主

政府的民主形式本身並不能自動地解決問題，
但它為那些問題的解決，提供有用的框架。
一切最後都取決於公民的政治品質和道德品質。
——《答「旦尼紀錄」問》，《文集》第三卷

要使民主真正成為可能的是科學家，
他們不僅減輕了我們的日常勞動，
而且也造出了最美好的藝術上和思想上的作品，
而對這種成果的享受，
一直到最近以前都只有特權階級才有可能，
但現在大家卻都能接近它、得到它了。
——《無線電的社會意義》，《文集》第三卷

真正的民主，

絕不是虛幻的空想。

——《自述片段》，《文集》第一卷

民主制度和民主準則，都是歷史發展的產物，

而在享有這種制度的國家裡，

也時常會在一定程度上不了解這一點。

——《原子戰爭與和平》，《文集》第三卷

只有當每個公民都認識到，

他有義務為保衛憲法做出自己的貢獻時，

憲法上的權利才有保障。

因此，保衛憲法，人人有責，

誰也不應當逃避這種義務，

那怕他自己和家庭都可能遭到危險和威脅。

——《為保衛學術自由與公民權利而鬥爭》

民主，就其狹義而言，

也就是從純粹政治的意義來看，

已由那些掌握經濟和政治權力的人占有捏造輿論的工具，

為他們自己的階級利益服務而受到了損害。

——《答「旦尼紀錄」問》，《文集》第三卷

使一個新來的人，

馬上就熱愛這個國家的，
是人民之中的民主特性。
—— 《黑人問題》，《文集》第三卷

如果人們是看實質而不是看形式，
那麼這些話也可以拿來表達基本的民主立場。
真正的民主主義者，
也像那種具有我們所理解的意義上的宗教信仰者一樣，
很少是崇拜他的國家的。
—— 《目標》，《文集》

歷史中充滿了爭取人權的鬥爭，
這是無休止的鬥爭，
它的最後勝利老是在躲開我們。
但要是厭倦這種鬥爭，
就意味著要引起社會的毀滅。
—— 《人權》，《文集》第三卷

一個公民要達到客觀的結論，
並且理智地運用他的政治權利，
那是極其困難的，
在多種場合下，實在也完全不可能。
—— 《為什麼要社會主義》，《文集》第三卷

社會的健康狀況

取決於組成它的個人的獨立性，
也同樣取決於個人之間的密切的社會結合。
——《社會與個人》，《文集》第三卷

人權的存在和有效性不是從天上掉下來的，
（「從天上掉下來的」原文是「用星星寫成的」）
是那些歷史上有見識的人，
設想出人在相互對待的行為方面的理想，
並以此教導給人們，
也是他們發展了最令人嚮往的社會結構的基本思想。
——《人權》，《文集》第三卷

我認為每個公民都有責任盡其所能來表明他的政治觀點。
如果有才智的和有能力的公民忽視這種責任，
那麼健康的民主政治就不可能成功。
——《科學與政治》，《文集》第三卷

第十節

自　由

研究自由和研究結果，
在社會上能否有益的應用，
要取決於政治因素。
這就解釋了為什麼科學家不能以專家的身分，
而只能以公民的身分來發揮他們的影響。
它也進一步解釋了，
為什麼科學家為了自由地進行科學研究，
有義務在政治上積極起來。
──《民主與學術自由問題》，《文集》第三卷

我們都讚賞歐洲知識分子的出色成就，
並且從中看到我們最高的社會準則。
這些成就的基礎是思想自由和教學自由，
是追求真理的願望，
必須優先於其他一切願望的原則。
──《法西斯與科學》，《文集》第三卷

我們的先輩

通過艱苦鬥爭後贏得的自由，
給了我們多大的恩惠。
──《文明與科學》，《文集》第三卷

只有當我們巨大的經濟問題通過民主的方式解決了，
這些困難也能得到解決；
但是這種解決辦法的基礎，
必須由維護言論自由來作準備。
──《保衛言論自由》，《文集》第三卷

只有不斷地、自覺地，
爭取外在的自由和內心的自由，
精神上的發展和完善才能有可能，
由此，人類的物質生活和精神生活才有可能得到改進。
──《自由與科學》，《文集》第三卷

一切民族和文化團體的平等不僅是名義上的，
而且實際上已付諸實踐。
「平等的目標，平等的權利，以及平等的社會義務」，
已經不是一句空洞的口號，
而是在日常生活中體現了的實踐。
──《感謝蘇聯抗德戰爭》，《文集》第三卷

‧ 愛因斯坦在書房接受訪問

只有在自由的社會中，

人才能有所發明，
並且創造出文化價值，
使現代人生活得更有意義。
——《文明與科學》，《文集》第三卷

我所理解的自由是這樣的一種社會條件：
一個人不會因為他發表了關於——
知識的一般和特殊問題的意見和主張
而遭到危險或者嚴重的損害。
——《自由與科學》，《文集》第三卷

這種外在的自由的理想是永遠不能完全達到的，
但如果要使科學思想，
哲學和一般創造性的思想，
得到儘可能快的進步，
那就必須始終不懈的去爭取這種自由。
——《自由與科學》，《文集》第三卷

只有在人類社會達到足夠的開放水平，
個人能夠自由發展自己能力的時候，
人類社會才能取得有價值的成就。
——海倫·杜卡斯著《愛因斯坦談人生》

我認為，

消除現存的經濟上嚴重的不公平問題，
是要比和平主義問題更為重要。

——《經濟問題與和平問題》，《文集》第三卷

這個國家中所實行的是：

公民自由、寬容，以及法律面前公民一律平等。

公民自由意味著人們有用言語和文字，

表示其政治信念的自由。

寬容意味著尊重別人的無論哪種可能有的信念。

——《不回德國的聲明》，《文集》第三卷

教學自由以及書報上的言論自由，

是任何民族的健全和自然發展的基礎。

在這一點上，歷史的教訓，

特別是最近的歷史教訓——

實在是太清楚了。

為了維護和加強這些自由獻出每一份力量，

並且運用一切可能的影響，

使輿論意識到現存的危險，

這是每一個人應負的責任。

——《保衛言論自由》，《文集》第三卷

為了使每個人

都能表白他的觀點而無不利的後果，
在全體人民中，必須有一種寬容的精神。
——《自由與科學》，《文集》第三卷

在我們親自經歷的日子裡，

這個大陸（指歐洲）的自由和榮譽，

是靠西歐各國拯救出來的；

它們像中流砥柱，

在嚴酷的時代裡，

堅定地反對仇恨和壓迫；

它們成功地保衛著個人自由，

這種自由給我們帶來了各種知識上的進展和發明，

要是沒有這種自由，

凡是有自尊心的人，

都不會覺得還有活下去的價值。

——《文明與科學》，《文集》第三卷

這個宣言（指一九四八年十二月十日

聯合國大會通過的《世界人權宣言》）

規定了許多具有普遍約束力的條款，

用以保護個人，

防止他在經濟上受到剝削；

保護他的發展，

並且保證他在社會中能夠自由地從事他所愛好的事業。

——《文化總是世界和解的一個基礎》，《文集》第三卷

我們不應當允許

對科學工作的發表和傳播有任何限制，
這對於社會文化的發展非常有害。
—— 《美國科學家應當拒絕政府的不義要求》，《文集》第三卷

追求真理和科學知識，

應當被任何政府視為神聖不可侵犯；

而且尊重那誠摯地追求真理和科學知識的自由，

應該作為整個社會的最高利益。

—— 《法西斯與科學》，《文集》第三卷

這種組織（指腦力勞動者的組織）

的一個應有的任務將是保衛學術自由，

要是沒有這種自由，

民主社會的健康發展是不可能的。

—— 《腦力勞動者組織》，《文集》第三卷

每個人都應當有機會來發展他的潛在天賦。

只有這樣，個人才會得到他應有的滿足；

而且也只有這樣，

社會才會達到它最大的繁榮。

因為凡是真正偉大的並且激動人心的東西，

都是由能夠自由勞動的個人所創造出來的。

—— 《道德與感情》，《文集》第三卷

在我們自己的時代，

鬥爭主要是為了爭取政治信仰和討論的自由、
以及研究和教學的自由。
——《人權》，《文集》第三卷

我所理解的學術自由是，
一個人有探求真理以及發表和講授——
他認為正確的東西的權利。
這種權利也包括着一種義務：
一個人不應當隱瞞他已認識到是正確的東西的任何部分。
顯然，對學術自由的任何限制，
都會抑制知識的傳播，
從而也會妨礙合理的判斷和合理的行動。
——《為保衛學術自由與公民權利而鬥爭》

從下面的事實一定可以看出：
我們這個時代學術自由所受到的威脅！
藉口我們的國家遭到所謂外來的危險，
教學和交換意見的自由、
出版和使用其他傳播工具的自由，
都受到侵犯或阻撓。
而這是靠著製造出使人們
覺得自己的經濟受到威脅的一些條件來實現的。
結果，愈來愈多的人避免自由發表意見，
甚至在他們私人交往中都是如此。
這是一種危及民主政治生存的局勢。
——《為保衛學術自由與公民權利而鬥爭》

我認為要是一個有理性的人，

在家裡不能暢所欲言，
這樣的家就算不了一個家。
——《美國商人最吃香》，《文集》第三卷

使我深切地感到，
自由行動和自我負責的教育，
比起那種依賴訓練，
外界權威和追求名利的教育來，
是多麼的優越呀！
——《自述》，《文集》第一卷

學術自由和保護種族上與宗教上的少數，
構成民主的基礎。
使這條真理有充沛的生命力，
並且認清個人權利不可侵犯的重大意義，
是教育最重要的任務。
——《關於民主與學術自由問題》，《文集》第三卷

要使一切個人的精神發展成為可能，
那麼就必須有第二種外在的自由。
人不應當為著獲得生活必需品，
而工作到既沒有時間也沒有精力，
去從事個人的活動的程度。
——《自由與科學》，《文集》第三卷

文書主義束縛人的精神，

就像綁紮在木乃伊的帶子。

——《與小洛克菲勒的談話》，《文集》第三卷

雖然我們相信，

實際生活不可能沒有自由意志的幻想，

但是從哲學心理方面並沒有給因果性

必然出現的學說帶來多少嚴重的危險。

——《物理學基本概念的變化》，《文集》第一卷

正像在一切文化生活領域裡一樣，

自由而無拘束地交換意見和交換科學研究的結果，

是科學健康發展所必需的。

——《美國的擴軍備戰是文化衰落的病根》

每個公民對於保衛本國憲法上的自由，

都應當有同等的責任。

但是就「知識分子」，

這個詞的最廣泛意義來說，

他則負有更大的責任，

因為，由於他受過特殊的訓練，

他對輿論的形成能夠發揮特別強大的影響。

——《為保衛學術自由與公民權利而鬥爭》

喚起獨創性的表現與求知之樂，

是為人師者至高無上的祕方。

——《愛因斯坦通信選》

為個人取得經濟保障所作的成就，

以及為公共福利而利用國家的生產力，

都必然會使個人自由蒙受某些必要的犧牲，

而自由除非伴有一定程度上的經濟保障，

否則，就不會有什麼意義。

——《感謝蘇聯抗德戰爭》，《文集》第三卷

我完全不相信人類會有那種在哲學意義上的自由。

每一個人的行為，

不僅受著外界的強迫，

而且還要適應內心的必然。

——《我的世界觀》，《文集》第三卷

生產的集中使得生產資本集中到這個國家的少數人手裡。

這一小撮人以壓倒一切的力量，

控制著對我們青年進行教育的機構，

也控制著這個國家的大型報紙。

同時，它還左右著政府。

這本身就構成對這個國家知識分子的自由的嚴重威脅。

——《保衛言論自由》，《文集》第三卷

每個人都不同於他人，

每一天，他也不同於自身。

——《愛因斯坦通信選》

如果我重新是個青年人，

並且要決定怎樣去謀生，

我絕不想做什麼科學家、學者或教師。

為了希望求得在目前環境下，

還可以得到的那一點獨立性，

我寧願做一個水管工，

或者做一個沿街叫賣的小販。

——《不願做美國科學家，寧願做水管工或小販》

科學的發展，

以及一般的創造性精神活動的發展，

還需要另一種自由，

這可以稱為內心的自由。

這種精神上的自由在於思想上，

不受權威和社會偏見的束縛，

也不受一般違背哲理的常規和習慣的束縛。

這種內心的自由是大自然難得賦予的一種禮物。

——《自由與科學》，《文集》第三卷

愛因斯坦談「科學」

第一節

科學的目的與作用

科學研究能破除迷信，
因為它鼓勵人們根據因果關係來思考和觀察事物。
在一切比較高級的科學工作的背後，
必定有一種關於世界的合理性或者可理解性的信念，
這有點像宗教的感情。
　　——《科學的真理》，《文集》第一卷

對於科學，就我們的目的來說，
不妨把它定義為——
「尋求我們感覺經驗之間規律性關係的有條理的思想。」
科學直接產生知識，
間接產生行動的手段。
　　——《宗教與科學》，《文集》第三卷

科學的不朽榮譽，

在於它通過對人類心靈的作用，

克服了人們在自己面前和在自然界面前的不安全感。

——《科學與社會》，《文集》第三卷

在這座廟堂（指科學）裡，

另外還有許多人所以把他們的腦力產物奉獻在祭壇上，

為的是純粹功利的目的。

如果上帝有位天使跑來把所有屬於這兩類的人

（指和另一類不同動機的人）都趕出廟堂，

那麼聚集在那裡的人就會大大減少，

但是，仍然還有一些人留在裡面，

其中有古人，也有今人。

——《探索的動機》，《文集》第一卷

人家都同意，

科學必須建立各種經驗事實之間的聯繫，

這種聯繫使我們能夠根據——

那些已經經驗到的事實去預見以後發生的事實。

固然，按照許多實證論者的意見，

儘可能完善地解決這項任務，

就是科學的唯一目的。

——《在哥倫比亞大學的講話》，《文集》第一卷

在科學的廟堂裡有許多房舍，

住在裡面的人真是各式各樣，
而引導他們到那裡去的動機實在也各不相同。
——《探索的動機》，《文集》第一卷

科學最突出的實際效果，
在於它使那些豐富生活的東西的發明成為可能，
雖然這些東西同時也使生活複雜起來——
比如蒸汽機、鐵路、電力和電燈、
無線電、汽車、飛機，炸藥等等發明。
——《科學與社會》，《文集》第三卷

科學所創造的知識和方法，
只是間接地有助於實用的目的，
而且在很多情況下，
還要等到幾代以後才見效。
——《科學的困境》，《文集》第三卷

我現在所獻身的這門科學，
將要達到而且能夠達到什麼樣的目的？
它的一般結果究竟在多大程度上是「真的」，
哪些是本質的東西，
哪些則是發展中的偶然的東西？
——《恩斯特·馬赫》，《文集》第一卷

相信世界在本質上

是有秩序的和可認識的這一信念，
是一切科學工作的基礎。
這種信念是建築在宗教感情上的。
——《論科學》，《文集》第一卷

科學不是而且永遠不會是：一本寫完了的書，
每個重大的進展都帶來了新問題，
每一次發展總要揭露出新的更深的困難。
——《自述片段》，《文集》第一卷

如果記住科學的基本問題，
對於新近的成就就不會估計過高。
這正像坐在火車裡一樣。
要是我們只觀察靠近軌道的東西，
我們似乎是在急速地向前奔馳。
但當我們注視到遠處的山脈時，
景色似乎變化得非常慢，
科學的基本問題也正是這樣。
——《保證人類的未來》，《文集》第三卷

科學是一種強有力的工具。
怎樣用它，究竟是給人帶來幸福、還是災難，
全取決於人自己，而不取決於工具。
刀子在人類生活上是有用的，
但它也能用來殺人。
——《科學與戰爭的關係》，《文集》第三卷

在科學對歷史進程的作用中，

使我們最感興趣的還是在於科學的物質作用，
而不在於它對人們思想的作用。
——《科學家與愛國主義》，《文集》第三卷

科學在發展邏輯思維和研究實在的合理態度時，
能大大削弱世上流行的迷信。

　　——《論科學》，《文集》第一卷

科學從它掌握因果關係這一點來說，
固然可以就各種目標和價值是否相容作出重要的結論，
但是關於目標和價值的獨立的基本定義，
仍然是在科學所能及的範圍之外。

　　——《宗教與科學不可和解嗎》，《文集》第三卷

科學對於人類事務的影響有兩種方式。
第一種方式是大家都熟悉的：
科學直接地，並且在更大程度上間接地
生產出完全改變了人類生活的工具。
第二種方式是教育性質的：
它作用於心靈，儘管草率看來，
這種方式好像不大明顯，
但至少同第一種方式一樣銳利。

　　——《科學與社會》，《文集》第三卷

科學是為科學而存在的，

就像藝術是為藝術而存在的一樣，
它既不從事自我表白，也不從事荒謬的證明。

——《論科學》，《文集》第一卷

科學作為一種現存的和完成的東西，

是人們所知道的最客觀的，

與人無關的東西。

但是，科學作為一種被追求的目的，

都同人類其他事業一樣，

是主觀的，受心理狀態制約的。

——《在哥倫比亞大學的講話》，《文集》第一卷

要我們對什麼是科學得出一致的理解，

實際上並不困難。

科學就是一種歷史悠久的努力，

力圖用系統的思維把這個世界中可感知的現象，

盡可能徹底地聯繫起來。

——《科學與宗教》，《文集》第三卷

有許多人所以愛好科學，

是因為科學給他們以超乎常人的智力上的快感，

科學是他們自己的特殊的娛樂，

他們在這種娛樂中，

尋求生動活潑的經驗和雄心壯志的滿足。

——《探索的動機》，《文集》第一卷

為什麼數學比其他一切科學受到特殊的尊重，

一個理由是它的命題是絕對可靠的和無可爭辯的，

而其他一切科學的命題在某種程度上都是可爭辯的，

並且經常處於會使新發現的事實來推翻的危險之中。

——《幾何學與經驗》，《文集》第一卷

一方面，它們（指科學工作）

所產生的發明把人從筋疲力竭的體力勞動中解放出來，

使生活更加舒適而富裕；

另一方面，給人的生活帶來嚴重的不安，

使人成為技術環境的奴隸，

而最大的災難是為自己創造了大規模毀滅性的手段。

——《給國際知識界和平大會的賀信》，《文集》第三卷

要是人們要徹底地不違反理性，

那就不可能得到任何東西；

也就是說：要是不用任何支架，

那就不可能建造房子，也不可能架設橋樑，

但是支架不是房子或橋樑的任何組成部分。

——《關於廣義引力論及其他》，《文集》第一卷

科學與創造

物理學構成一種處在不斷進化過程中的思想的邏輯體系，
它的基礎可以說是不能用歸納法從經驗中提取出來的，
而只能靠自由發明來得到。
——《物理學與實在》，《文集》第一卷

如果他對科學深感興趣，
他就可以在他的本職工作之外埋頭研究他所愛好的問題。
他不必擔心他的努力會毫無成果。
——《自述片段》，《文集》第一卷

感情和願望是人類一切努力和創造力的背後動力，
不管呈現在我們面前的這種努力和創造外表上多麼高超。
——《宗教與科學》，《文集》第一卷

人們思想以最適當的方式，

來畫出一幅簡化的和易領悟的世界圖像；
於是他就試圖用他的這種世界體系來代替經驗的世界，
並來征服它。

——《探索的動機》，《文集》第一卷

用不變的物體之間的簡單力，
來解釋一切自然現象是可能的。
在伽利略時代以後的二百年間，
這樣的一種努力有意識地或無意識地，
表現在所有科學創造中。

——《物理學的進化》，《文集》第一卷

對於一個畢生竭盡全力以求清理和改善科學基礎的人，
人們去了解他怎樣看待他自己所研究的那個科學分支的，
這也許畢竟是一件有意義的事。

——《理論物理學的方法》，《文集》第一卷

哲學家們創造才能的缺陷，
常常表現在他們不是根據自己的觀點，
來有系統地說明自己的對象，
而相反，卻是借用其他作者的現成論斷，
並且只想對他們進行批判或者評論。

——《評溫特尼茨的「相對論與認識論」》

・愛因斯坦簽名照

我們希望觀察到的事實，

能從我們的實在概念邏輯地推論出來。

要是不相信我們的理論構造能夠掌握實在，

那就不可能有科學。

這種信念是，並且永遠是一切科學創造的根本動力。

——《物理學的進化》，《文集》第一卷

存在著追求理解的熱情，

正像存在著追求音樂的熱情一樣。

那種熱情在兒童中間是相當常見的，

但多數人以後就失去了。

要是沒有這種熱情，

就不會有數學，

也不會有自然科學。

求理解的熱情一再導致了這樣一種幻想：

以為人可以不要任何經驗基礎，

而只要通過純粹的思維——

簡言之，即通過形而上學——

就能在理論上了解客觀世界。

——《廣義引力論》，《文集》第一卷

第三節

科學家的品格

伽利略表現為一個具有堅強意志，

並且具有智慧和勇氣的人；

他代表理性的思維，

挺身而出反對那一批倚仗人民的無知，

並且利用披著牧師與學者外衣的教師的無所事事，

借以把持並維護其權勢的人。

——《伽利略「對話」序》，《文集》第一卷

第一流的藝術大師很少能夠作到像您

（指高爾基）那樣既是自己社會的公僕，

又是改進人類命運的戰士。

——《祝賀高爾基65歲生日的賀信》，《文集》第三卷

我多麼想

把我們處於不同「祖國」的同行們團結在一起。

——《學者唯一的祖國》，《文集》第三卷

本世紀初只有少數幾個科學家具有哲學頭腦，

而今天的物理學家幾乎全是哲學家，

不過「他們都傾向於壞的哲學」。

——《關於科學史與科學家的談話》，《文集》第一卷

科學家的傳記方面，

也像他們的思想一樣使他始終感到興趣。

他喜歡了解那些創造偉大理論，

和完成重要實驗的人物的生活，

了解他們是怎樣的一種人，

他們是怎樣工作並怎樣對待他們的伙伴的。

——《關於科學史與科學家的談話》，《文集》第一卷

一旦認識到地球不是世界中心，

而只是較小的行星之一，

以人類為中心的妄想也就站不住腳了。

這樣哥白尼通過他的工作和他的偉大人格，

教導人們要謙虛謹慎。

——《在哥白尼逝世410週年紀念會上的講話》

一個公務人員能夠退休，

一個有才智的人卻不能退休。

——《關於哲學與科學問題的談話》，《文集》第三卷

作為一位科學思想家，玻爾（丹麥物理學家）
所以有那麼驚人的吸引力，
在於他具有大膽和謹慎這兩種品質的難得的融合；
很少有誰對隱祕的事物具有這樣一種直覺的理解力，
同時又兼有這樣強而有力的批判能力。

——《尼耳斯·玻爾》，《文集》第一卷

並不是每個學過使用那些直接或間接地
看來像「科學的」工具和方法的人，
都能算是我心目中的科學家。
在我講到科學家時，
我只能指那些科學精神狀態真正是生氣勃勃的人。

——《科學家的道義責任》，《文集》第三卷

追求真理的科學家，
他內心受到像清教徒一樣的那種約束。
他不能任性或感情用事。
附帶地說，這個特點是慢慢發展起來的，
而且是現代西方思想所特有的。

——《科學定律與倫理定律》，《文集》第三卷

想像力和創造天才

是他（指斯托多拉）為的推動力量。

——《感謝斯托多拉》，《文集》第三卷

我要致以敬意的這個人，

（指萊奧‧貝克‧德國宗教歷史學家）

一生樂於助人，不知恐懼為何物，

逞強好鬥與怨恨憤懣都同他格格不入。

這是偉大道義領袖的素質，

由於這種素質，

他們能使人類在其自作自受的苦難中得到安慰。

——《給貝克的獻詞》，《文集》第三卷

馬赫到了高齡還以孩子般的好奇的眼睛窺視著這個世界，

使自己從理解其相互聯繫中求得樂趣，

而沒有什麼別的要求。

——《恩斯特‧馬赫》，《文集》第一卷

他（指恩斯特‧馬赫）不是一位

把自然科學選作他的思辨對象的哲學家，

而是一位有著多方面興趣的勤奮的自然科學家，

對於這樣的自然科學家來說，

研究那些這人們普遍注意的焦點之外的細節問題，

顯然會使他感到愉快。

——《恩斯特‧馬赫》，《文集》第一卷

只有當我們沒有必要對他人負責時，

我們才能在科學研究中得到樂趣。

——《愛因斯坦通信選》

要做這樣的事，力量從何而來？

只能來自這樣的一些人，

他們在年輕的時候，

有機會通過學習來加強他們的意志，

擴大他們的眼界。

因此，我們老一輩的人正瞧著你們，

希望你們盡一切可能的努力，

去達到我們未能達到的目標。

——《經濟抵制》，《文集》第三卷

理論家在著手這項十分艱巨的工作時，

應當清醒地意識到，

他的努力也許只會使他的理論注定要受到致命的打擊。

對於承擔這種勞動的理論家，

不應當吹毛求疵的說他是「異想天開」；

相反，應當允許他有權自由發揮他的幻想，

因為除此以外就沒有別的道路可以達到目的。

——《空間、以太與場》，《文集》第一卷

凡是在小事上對真理持輕率態度的人，

在大事上也是不足信的。

—— F‧赫爾內克著《愛因斯坦傳》

了解別人，得到他們的友誼和信任，

幫助任何被捲入外界鬥爭或者內心鬥爭的人，

鼓勵年輕的人才——

所有這些都是他（指埃倫菲斯特）的專長，

幾乎勝過他在科學問題上的鑽研。

—— 《埃倫菲斯特》，《文集》第一卷

人類是多麼軟弱啊！

像牛頓這樣偉大的心靈，

也免不了沾染上世俗的塵垢。

但是，在漫長的人生道路上，

誰能不沾上反塵污垢呢？

—— 《愛因斯坦通信選》

經濟和政治權力集中到愈來愈少的人手裡，

不僅使科學家經濟上依附於人，

而且也從精神上威脅著他的獨立；

對科學家在理智上和心理上施加影響的種種狡詐伎倆，

會阻礙真正獨立人格的發展。

—— 《科學家的道義責任》，《文集》第三卷

在真理的認識方面，

任何以權威者自居的人，

必將在上帝的戲笑中垮台！

——Ｆ・赫爾內克著《愛因斯坦傳》

貝索的長處是他那不尋常的智慧，

以及對職務上和道德上的責任從不退縮的獻身精神，

他的短處是過於缺少決斷力。

他在人生中獲得的外部成就，

同他的傑出能力以及他在技術

和純科學領域中的異常豐富的知識都不成比例，

其原因就在於此。

——《對貝索的評價》，《文集》第三卷

我幸運地同居里夫人

（波蘭物理學家和化學家）

有二十年崇高而真摯的友誼。

我對她的人格的偉大愈來愈感到欽佩。

她的堅強，她的意志的純潔，

她的律己之嚴，她的客觀，

她的公正不阿的判斷——

所有這一切都難得地集中在一個人的身上。

她在任何時候都意識到自己是社會的公僕，

她的極端的謙虛，永遠不給自滿留下任何餘地。

——《悼念瑪麗・居里》，《文集》第一卷

真理

總是最簡單、樸實、明明白白的像白天。

——《愛因斯坦通信選》

他（指伽利略）渴望認識真理，

歷史上這樣的人是少有的。

但是，作為一個成熟的人，

他竟認為值得去頂著如此多的反對，

企圖把他已經發現的真理

灌輸給淺薄的和心地狹窄的群眾，

我覺得這是難以置信的。

——《「伽利略在獄中」讀後感》，《文集》第三卷

誰都覺得他（指荷蘭物理學家洛倫茲）很卓越，

但是誰也不覺得他盛氣凌人。

儘管他對人對人類事務不抱幻想，

但他對每個人和每樣事情都充滿善意。

他從未給人有專橫的印象。

而是為人服務和樂於助人。

他極其誠摯負責，

不允許給任何東西以過分的重要性。

有一種微妙的幽默感守護著他，

這可以從他的眼睛和他的微笑中反映出來。

——《創造者 H・A・洛倫茲及其為人》

為了得到滿足，

人還必須根據他們個人的特點和能力，
發展他們理智和藝術上的才能。
——《愛因斯坦通信選》

凡是對於他（指貝索）

遇到的每一個向他求教的人有用的東西，

對於他自己卻是有害的。

因為，他永遠不滿足於已有的東西。

沒有什麼論文署他的名。

——《貝索與愛因斯坦》，《文集》第三卷

他（指伽利略）被迫宣布放棄他的主張實際上並不重要，

因為伽利略的論據對於所有那些尋求知識的人，

都是可利用的，

任何一個有知識的人必定都知道他在宗教法庭上的合認，

是在受威脅的情況下做出來的。

——《「伽利略在獄中」讀後感》，《文集》第三卷

要避免個人的勾心鬥角那是對的，

但是一個人要為自己的思想辯護，

那也是重要的。

人們不應當由於不負責而簡單地放棄自己的思想，

好像他並不是真正的相信它們似的。

——《與柯亨的談話》，《文集》第一卷

誰若不再具有好奇心，

也不再具有驚訝的感覺，

他就無異於行屍走肉，他的眼睛必然模糊不清。

——《愛因斯坦通信選》

他（指埃倫菲斯特）

在萊頓的學生和同事都愛戴他，尊敬他。

他們了解他的極端的熱忱，

他的那種自願為人服務和樂於助人的精神、

完全協調的性格。

難道他不應當是一個幸福的人嗎？

——《埃倫菲斯特》，《文集》第一卷

讀者從這些信裡，

就應當知道開普勒是在何等艱苦的條件下

完成這項巨大工作的（指創造行星測定）。

他沒有因為貧困，

也沒有因為那些有權支配著

他的生活和工作條件的同時代人的誤解，

而使自己失卻戰鬥力或者灰心喪氣。

——《「開普勒」序》，《文集》第一卷

苦和甜來自外界，

堅強則來自內心，
來自一個人的自我努力。
——《愛因斯坦通信選》

可是科學家卻已倒退到這樣程度，
他居然把國家政權強加給他的奴役，
當作不可避免的命運接受下來，
他甚至自甘墮落到這種地步，
竟然馴服地獻出自己的才能，
去幫助完成那些注定要造成人類普遍毀滅的工具。
——《科學家的道義責任》，《文集》第三卷

第四節

科學家的貢獻

這三條定律（指測定地球軌道及太陽、火星定點）

在未來一切時代都將永遠同他

（指開普勒）的名字聯繫在一起。

要發現這些定律，

並且這樣精密地來確定它們，

需要何等發明天才；

需要何等辛勤的、頑強的工作；

對此，沒有誰能給予充分估量的。

——《「開普勒」序》，《文集》第一卷

只有微分定律的形式，

才能完全滿足近代物理學家對因果性的要求。

微分定律的明晰概念是牛頓最偉大的理智成就之一。

——《牛頓力學》，《文集》第一卷

春天的太陽總是會帶來新的生命，

我們不妨為新生命歡呼，對它的成長有所貢獻。

——《愛因斯坦通信選》

他（指美國著名發明家愛迪生）

是一位偉大的技術發明家，

我們的物質生活所以有可能輕鬆愉快和豐富多采，

應該歸功於他。

一種創造發明的精神使他自己的一生，

也使我們的全部生活充滿明亮的光輝。

我們懷著感激的心情領受他的遺產，

這不僅是他的一份天才的禮品，

而且也是交在我們手中的一項使命。

因為尋找怎樣正確使用這份交給我們的禮物的途徑，

這一任務正落在新的一代人的肩上。

只有解決了這一任務，

新的一代才有資格繼承他們的遺產，

而且會比他們的先輩真正幸福得多。

——《悼念Ｔ‧Ａ‧愛迪生》，《文集》第三卷

居里夫人的品德力量和熱忱，

哪怕只有一小部分存在於歐洲的知識分子中間，

歐洲就會面臨一個比較光明的未來。

——《悼念瑪麗‧居里》，《文集》第一卷

要理解這樣的人（指牛頓），

唯有把他看成是為爭取永恆真理而鬥爭的戰士。

——F・赫爾內克著《愛因斯坦傳》

我知道了您（指法國作家羅曼・羅蘭）

是何等勇敢地、全心全意地，

為消除法德兩國人民之間可悲的隔閡而獻身。

我熱城地向您表達我深切的欽佩和敬意。

——《給羅曼・羅蘭的信》，《文集》第三卷

她（指瑪麗・居里）一生最偉大的科學功績——

證明放射性元素的存在並把它們分離出來。

所以能取得，不僅是靠著大膽的直覺，

而且也靠著在難以想像的極端、

困難情況下工作的熱忱和頑強，

這樣的困難，在實驗科學的歷史中是罕見的。

——《悼念瑪麗・居里》，《文集》第一卷

他（指牛頓）

不僅作為某些關鍵性方法的發明者來說是傑出的，

而且他在善於運用他那時的經驗材料上也是獨特的，

同時他還對於數學和物理學的詳細證明方法

有驚人的創造才能。

——《牛頓力學》，《文集》第一卷

你（指牛頓）所發現的道路，

在你那個時代，

是一位具有最高思維能力和創造力的人所能發現的唯一道路。

——《自述》，《文集》第一卷

他（指馬赫）的重要性，

不僅在於他滿足了當時哲學的某種需要，

而這種需要可能被一些積習很深的專業科學家

看成是一種多餘的奢侈。

——《恩斯特·馬赫》，《文集》第一卷

通過原子能的解放，

我們這一代已經給世界帶來了

自從史前人類發現了火以後最大的革命力量。

這種宇宙的基本威力不能裝進狹隘的國家主義

這一陳腐的概念裡。

——《為原子科學家非常委員會籌備教育基金的信》

用純粹邏輯方法所得到的命題，

對於實在來說完全是空洞的。

由於伽利略看到了這一點，

尤其是由於他向科學界諄諄不倦地教導了這一點，

他才成為近代物學之父——

事實上也成為整個近代科學之父。

——《理論物理學的方法》，《文集》第一卷

要令人信服地詳細說明太陽中心概念的優越性，

必須具有罕見的思考的獨立性和直覺，

也要通曉天文事實，

而這些事實在那個時代是不易得到的。

哥白尼的這個偉大的成就，

不僅舖平了通向近代天文學的道路；

而且也幫助人們在宇宙觀上引起了決定性的變革。

——《在哥白尼逝世410週年紀念會上的講話》

理性是他（指鮑爾·朗之萬，

法國物理學家和進步的社會活動家）的信念——

這信念不僅帶來了光明，也帶來了解放。

他為促進全人類的幸福生活願望，

也許比他為純粹知識啟蒙的熱望還要強烈。

正因為這樣，他花了很多時間和精力用於政治啟蒙。

從來沒有一個求助於他的社會良心的人是空手回去的。

——《悼念鮑爾·朗之萬》，《文集》第一卷

如果我們

現在可以宣稱已廢除了苦役，
那麼我們就當把它歸功於科學的實際效果。

——《科學與社會》，《文集》第三卷

「世界的永恆的奧祕，就在於它的可理解性。」
要是沒有這種可理解性，
關於實在的外在世界的假設就會是毫無意義的，
這是康德的偉大認識之一。

——《物理學與實在》，《文集》第一卷

　　　　　我認為他（指馬赫）的偉大功績在於：

　　　　　　　他鬆動了在十八和十九世紀統治著

　　　　　　　　物理學基礎的那種教條主義。

　　　　　　　　　尤其是在《熱學》中，

　　　　　他總是努力證明概念是怎樣來自經驗的。

——《對馬赫的評價及其他》，《文集》第三卷

顯然，使他（指科學家）感到相當自豪的是，
科學家的工作，由於實質上淘汰了手工勞動，
已經幫助人類徹底改變了經濟生活。
但另一方面，科學家又感到苦惱，
那是因為他的工作已經落到——
那些盲目行使政治權力的人手裡，
使他的科學勞動成果竟成為對人類生存的一種威脅。

——《科學家的道義責任》，《文集》第三卷

世上最難理解的事就是：

為什麼我們對任何事都要理解。

——《愛因斯坦通信選》

放棄了嚴格的因果性以後，

合理的科學也能存在，

這種情況本身就很有趣。

此外，不能否認，放棄嚴格的因果性，

在理論物理學領域裡獲得了重要成就。

——《物理學基本概念的變化》，《文集》第一卷

人類活動的所有領域的專業化，

無疑造成了前所未見的成就，

當然，這是靠個人所能了解的領域來判斷的。

——《物理學、哲學與科學的進步》，《文集》第一卷

第五節

科學家的著作

一個經過精心編輯，

內容均衡的刊物，

對增進科學家的見聞是必需的，

因為科學家為了能夠形成他自己的判斷，

要求熟悉科學問題、方法和結果的發展。

　　——《祝賀柏林內爾70歲生日》，《文集》第一卷

　　　　　　　　我們看到，邏輯學家的技巧，

　　　　　　　　　　　心理學家的本能，

　　　　　　　　　淵博的知識和樸素的措詞，

　　　　　　在這裡（指《相對論的演繹法》一書）

　　　　　　　　　　幸運地融合在一起。

　　——《評梅耶松的書》，《文集》第三卷

在漫長的一生中，

我學到一點：一切科學，用以衡量現實者皆粗糙而幼稚。
然而，它是我們所擁有的最珍貴的東西。
——《愛因斯坦通信選》

人們總會舒暢地領會到作者（指馬赫）
在並不費力地寫下那些精闢的、
恰如其分的話語時所一定感受到的那種愉快。
但是他的著作之所以能吸引人一再去讀，
不僅是因為他的美好的風格
給人以理智上的滿足和愉快，
而且還由於當他談到人的一般的問題時，
在字裡行間總是閃爍著一種善良的、
慈愛的和懷著希望的喜悅精神。
——《恩斯特·馬赫》，《文集》第一卷

對於他（指牛頓）自然界是一本打開的書，
一本他讀起來毫不費力的書。
他用來使經驗材料變得有秩序的概念，
彷彿是從經驗本身，
從他那些像擺弄玩具一般，
而又親切地加以詳盡描述的美麗的實驗中，
自動地湧溢出來一樣。
——《牛頓的「光學」序》，《文集》第一卷

理論之所以能夠成立，

其根據就在於它同大量的單個觀察相互關聯，
而理論的「真理性」也在於此。
—— 《愛因斯坦通信選》

我特別著迷於李希騰伯

（十八世紀德國物理學家和作家）的著作。

雖然我已經這麼大年歲了，

但這個人還是始終使我深受感動。

我不知道有誰像他那樣的對事物審察入微。

—— 《美國的新殖民主義》，《文集》第三卷

要使人們擺脫宗教迷信所灌輸的，

並為司祭們所贊助和利用的盲從的恐懼心，

這就是盧克萊修著述（指《物性論》）的主要目的。

—— 《「物性論」序》，《文集》第一卷

盧克萊修這本書對於每個還沒有

被我們時代的精神所完全征服的人，

對於每個能夠從旁觀的角度，

去觀察當代和評價當代人的精神成就的人，

都會產生一種迷人的作用。

—— 《「物性論」序》，《文集》第一卷

觀察和理解的樂趣，

是自然界賜予人類的最美好的禮物。

——《愛因斯坦通信選》

對出版者施加壓力來禁止出書那是有害的。

這樣一本書——

（指柯亨提到的一本引起不少爭論的書）

實際上不會有什麼害處，

因而也不是一本真正的壞書。

讓它去吧，它會曇花一現，

公眾的興趣會消逝，

它也會就此了結。

——《關於科學史與科學家的談話》，《文集》第一卷

馬赫的確通過他的著作對我的發展

（指創立相對論）有相當大的影響，

對我來說，那些本來是不可能弄明白的。

馬赫在晚年曾在相對論上花了一些精力，

而且在他的一本著作的最後一版的序言中，

（指一九二一年出版的《光學原理》序言）

甚至曾經用頗為激烈的言詞表明他對於相對論的擯斥。

……因為這個理論的思想的整個方向

是同馬赫的思想一致的，

所以，可以十分正確地認為馬赫是廣義相對論的先驅。

——《馬赫與相對論的關係》，《文集》第一卷

只有大膽地思辨，

而不是經驗的堆積，才能使我們進步。

——《愛因斯坦通信選》

　　　　　　　　　　　　　我想設法替這本書宣傳宣傳。

（指蕭伯納著《智慧女性的社會主義和資本主義指南》）

　　　　　　　　　　　　　　　　但是，最美好的東西

　　　　卻是我整天和深更半夜的思索和計算才得到的……

　　　　　　——《統一場論的重大發展》，《文集》第三卷

我們的科學進步得如此之快，

以致原來的著作很快就會失去

今天所賦予它的意義，

而更好的新著作層出不窮。

但是，根據原來的著作

來徹底研究理論的形成過程本身卻是吸引人的，

而時常研究這種史料，

比起我們在許多同時代人的著作中

能找到對已完成的理論的現狀所作的系統說明來，

有可能更加深刻地理解事物的本質。

　　　　——《「愛因斯坦科學論文集」日文版序》

內心的自由，

是大自然賦予人類的一種難得的禮物，
也是值得個人追求的一個目標。
——《愛因斯坦通信選》

這理論（指相對論）主要吸引人的地方，
在於邏輯上的完備性。
從它推出的許多結論中，
只要有一個被證明是錯誤的，
它就必須被拋棄，
要對它進行修改而不摧毀其整個結構，
那似乎是不可能的。
——《自述》，《文集》第一卷

這本書的作者，
（指《相對論與認識論》的作者溫特尼茨）
是一位能發展自己觀點的有獨立精神的作者，
同時他對問題的物理學方面，
和哲學方面都具有深刻的知識。
——《評溫特尼茨的「相對論與認識論」》

即使這個理論中的公理是人造的，
但是理論的完全成功暗示了客觀世界的高度規律性。
這是人們不可能先驗地預先設想的。
——《客觀世界的規律性與「奇蹟」》，《文集》第一卷

科學進步的先決條件是，

不受限制地交換一切結果和意見的可能性——
在一切腦力勞動領域裡的言論自由和教育自由。
　　　　　——《愛因斯坦通信選》

伽利略這部書——
（指《關於托勒玫和哥白尼的兩大世界體系的對話》）
主要目的是要竭力反對任何根據權威而產生的教條。
他只承認經驗和周密的思考，才是真理的標準。
——《伽利略「對話」序》，《文集》第一卷

外行人對我的工作意義得到一種誇張的印象，
這不是我的過錯。
實際上，這是由於《通俗科學》的作者，
特別是由於報紙的記者，
他們把每樣事情都儘量說得聳人聽聞。
——《廣義相對論的實驗》，《文集》第一卷

第六節

科學知識

客觀知識為我們達到某些目的提供了有力的工具，
但是終極目標本身和要達到它的渴望
卻必須來自另一個源泉。
應當認為只有確立了這樣的目標及其相應的價值，
我們的生存和我們的活動才能獲得意義，
這一點幾乎已經沒有加以論證的必要。
——《目標》，《文集》第三卷

一個人如果不承認追求客觀真理，
以及知識是人的最高的和永恆的目標，
他就會不受人重視。
——《道德衰敗》，《文集》第三卷

事實本身就能夠，

而且應該為我們提供科學知識。

——《自述》，《文集》第一卷

每一個有教養的人都知道這一點：

由於知識的增長，

有重大意義的專業化是不可避免的，

醫學也是如此，

可是，在這裡專業化有一個天然的界限（指體系狀況）。

——《物理學、哲學與科學的進步》，《文集》第一卷

每一門科學的理論知識都已變得非常深奧。

但是人類智慧的融會貫通能力總是被嚴格限制著的。

因此，無可避免地，

研究者個人的活動，

勢必限於愈來愈狹小的人類知識部門裡。

——《祝賀柏林內爾70歲生日》，《文集》第一卷

要走向理論的建立，

當然不存在什麼邏輯道路，

只能通過構造性的嘗試去摸索，

而這種嘗試是要受支配於對事實知識的慎密考查的。

——《邁克爾遜實驗》，《文集》第一卷

・愛因斯坦（十四歲）

・第一任妻子米烈娃

知識不能單從經驗中得出，

而只能從理智的發明與觀察到的事實的比較中得出。

——《開普勒》，《文集》第一卷

人們一旦有了那些足夠強有力的形式條件，

那麼，為了創立理論，

就只需要少量關於事實的知識。

——《自述》，《文集》第一卷

在古希臘時期已有一些學者深信

地球不是世界的自然中心，

但是對宇宙的這種理解，

在古代得不到真正的承認。

亞里斯多德和希臘天文學派繼續堅持地球中心的概念，

當時幾乎沒有誰對它有過任何懷疑。

——《在哥白尼逝世410週年紀念會上的講話》

如果你們始終不忘掉這一點（指知識），

你們就會發現生活和工作的意義，

並且對待別的民族和別的時代也就會有正確的態度。

——《教師與學生》，《文集》第三卷

使知識活了起來，

並且使它保持生氣勃勃，
這與解決專門問題是一樣重要的。
——《祝賀柏林內爾70歲生日》，《文集》第一卷

智力活動的個人主義與對科學知識的渴望，

在歷史上是同時出現的，

而且直到現在仍然是形影不離。
——《科學家的道義責任》，《文集》第三卷

只有成功與否才是決定因素。

所需要的只是定下一套規則，

因為沒有這樣的規則，

就不可能取得所希望擁有的知識。
——《人物理學與實在》，《文集》第一卷

這些寶貴的東西（指知識）

是通過與教育者親身接觸，

而不是——至少主要的不是——

通過教科書傳授給年輕一代的。

本來構成文化和保存文化的正是這個。

當我把「人文學科」作為重要的東西推薦給大家時，

我心裡想的就是這個，

而不是歷史學領域裡十分枯燥的專門知識。
——《培養獨立思考的教育》，《文集》第三卷

在青年「性格」

的形成時期中斷了智力訓練，
很容易留下一個以後難以彌補的缺口。
—— 《達伏斯的大學課程》，《文集》第三卷

這個被大家斥責為物俗主義的時代，
（亦可稱為「實利主義」）
居然還把那些一生目標，
完全放在知識和道德領域中的人看作是英雄，
這該是一個可喜的跡象；
大多數人是把知識和正義看得比財產和權力更高。
—— 《對美國的印象》，《文集》第三卷

關於真理的知識本身是了不起的，
可是它卻很少能起指導作用，
它甚至不能證明嚮往這種真理知識的志向
是正常的和有價值的。
—— 《目標》，《文集》第三卷

想像力比知識更重要，
因為知識是有限的，
而想像力概括著世界上的一切，
推動著進步，並且是知識進化的源泉。
嚴格地說，想像力是科學研究中的實在因素。
—— 《論教育》，《文集》第一卷

智慧並不產生於學歷，

而是來自對於知識的終生不懈的追求。

——《愛因斯坦談人生》

你們在學校裡所學到的那些奇妙的東西，

都是多少代人的工作成績，

都是世界上每個國家裡的熱忱的努力

和無盡的勞動所產生的。

這一切都作為遺產交到你們手裡，

使你們領受它、尊重它、增進它，

並且有朝一日又忠實地轉交給你們的孩子們。

——《教師與學生》，《文集》第三卷

他們（指愛因斯坦的學生）是積極地關心認識論的。

他們樂於進行關於科學的目的和方法的討論，

而從他們為自己的看法作辯護時

所顯示出來的那種頑強性中，

可以清楚地看出這個課題（指認識論）

對於他們是何等重要。

——《恩斯特·馬赫》，《文集》第一卷

在這裡，單靠真理的知識是不夠的，

相反，如果要不失掉這種知識，

就必須以不斷的努力來使它經常更新。

——《論教育》，《文集》第三卷

如果我們有確實可靠的知識，

那必定是以理性本身為依據的。

—— 《羅素的認識論》，《文集》第一卷

如果他（指斯托多拉）的工作的主要來源是創造的天才，

那麼，另一方面，

他的力量卻在於對知識的情不自禁的渴望，

和他的科學思想的非凡的清晰。

—— 《感謝斯托多拉》，《文集》第三卷

關於「是什麼」這類知識，

並不能打開直接通向「應當是什麼」的大門。

人們可能有關於「是什麼」的最明晰最完備的知識，

但還不能由此導出我們人類所嚮往的目標應當是什麼。

《目標》，《文集》第三卷

沒有人能夠否認，

那些認識的理論家們曾為這一發展鋪平了道路；

從我自己來說，我至少知道，

我曾直接地或間接地——

特別從休謨和馬赫那裡受到很大啟發。

—— 《恩斯特·馬赫》，《文集》第一卷

一個希望受到應有的信任的理論，

必須建立在有普遍意義的事實之上。

——《理論與經驗的關係》，《文集》第一卷

和諧生活的天賦和敏銳的才智，

一般是很少能同時享有。

而他（指米凱耳）卻兼而有之。

——《悼念貝索》，《文集》第三卷

絕不要把你們的學習看成是任務，

而是一個令人羨慕的機會。

為了你們自己的歡樂和今後你們工作所屬社會的利益，

去學習……

——《愛因斯坦通信選》

我們的大部分知識和信仰都是通過別人所創造的語言，

由別人傳授給我們的。

——《社會與個人》，《文集》第三卷

我不久就學會了識別那些能導致深邃知識的東西，

而把其他許多只是塞耳目，

會轉移主要目標的東西撇開不管。

——《自述片段》，《文集》第一卷

學習知識

要善於思考、思考、再思考，
我就是靠這個學習方法成為科學家的。
——《自述片段》，《文集》第一卷

要做一個好學生，

必須有能力去很輕快地理解所學習的東西；

要心甘情願地把精力完全集中

於人們所教給你的那些東西上；

要遵守秩序，

把課堂上講解的東西用筆記下來，

然後自覺地做好作業。

——《愛因斯坦通信選》

科學一旦從它的原始階段脫胎出來以後，

僅僅靠排列的過程，

已不能使理論獲得進展。

由經驗材料作為引導，

研究者寧願提出一種思想體系。

——《理論與實踐》，《文集》第一卷

我們還是感到不得不說幾何學的命題是「真的」，

其原因不難理解。

幾何觀念所對應的是自然界裡或多或少確定的客體，

這些客體無疑是產生那些觀念的唯一源泉。

——《狹義與廣義相對論淺說》，《文集》第一卷

第七節
科學真理

「科學的真理」這個名詞，
即使要給它一個準確的意義也是困難的。
「真理」這個詞的意義，
隨著我們所講的究竟是經驗事實，
是數學命題，還是科學理論，而各不相同。
宗教的真理，對我來說，完全是莫名其妙。
——《於科學的真理》，《文集》第一卷

我們認為真理具有一種超乎人類的客觀性，
這種離開我們的存在，
我們的經驗以及我們的精神而獨立的實在，
是我們必不可少的——
儘管我們還講不出它究竟意味著什麼。
——《與泰戈爾的談話》，《文集》第一卷

科學只能由那些

全心全意追求真理和嚮往理解事物的人來創造。
然而這種感情的源泉卻來自宗教領域。
——《科學與宗教》，《文集》第三卷

相信真理是離開人類而存在的，
我們這種自然觀是不能得到解釋或證明的。
但是，這是誰也不能缺少的一種信仰。
——《與泰戈爾的談話》，《文集》第一卷

在事關真理和正義的時候，
就不能區分什麼大問題和小問題；
因為決定人的行為的普遍原理則是不可分割的。
無論誰要是在小事上不尊重真理，
在重大事務上也就不能得到信任。
——《為以色列「獨立紀念日」準備的未完成講稿》

事物的這種真理必須一次又一次地，
為強而有力的性格的人物重新加以刻勒，
而且總是使之適應塑像家為之工作的那個時代的需要；
如果這種真理不總是不斷地重新創造出來，
它就會完全被我們遺忘掉。
——《恩斯特·馬赫》，《文集》第一卷

我雖然不能證明科學真理——
必須被看作是一種其正確性不以人為轉移的真理，
但是我毫不動搖地確信這一點。
——《與泰戈爾的談話》，《文集》第一卷

至於探索真理，
我從自己痛苦的經歷中有所體會：
在探索中存在不少死胡同的情況下，
朝著理解真正真理邁出可靠的一步，
那怕是很小的一步，
也是多麼艱難的。
——《愛因斯坦通信選》

理論所以能夠成立，
其根據就在於它與大量的單個觀察關聯著，
而理論的「真理性」也正在此。
——《理論與實踐》，《文集》第一卷

真理是經得起經驗的考驗的。
——《自述片段》，《文集》第一卷

我要做的

只是以我微薄的綿力來為真理和正義服務。
即使不為別人所喜歡也在所不惜。
——《自述片段》，《文集》第一卷

今天大多數科學家似乎並不領會：
科學的現狀是不可能有終極意義的。
——《與香克蘭的談話》，《文集》第一卷

與我相較，
真理是無比強大的，
而且在我看來，
試圖用長矛和瘦馬去保衛相對論，
這是可笑的並且是唐吉訶德式的。
——《「伽利略在獄中」讀後感》，《文集》第三卷

第八節

概念與經驗

在企圖把龐雜的觀察數據作出系統的概念表達時，
科學家用上了整個概念的圖像，
這些概念實際上是與他的母親的奶一道吮吸來的；
他很難覺察到他的這些概念中的始終有問題的特徵。
——《空間概念」序》，《文集》第一卷

即使看起來觀念世界
是不能用邏輯的工具從經驗推導出來的，
而在某種意義上來說，
它是人類頭腦的創造，
要是沒有這樣的創造，
就不可能有科學，
但儘管如此，
這個觀念世界還是一點也離不開我們的經驗本性而獨立，
正像衣服是不能離開人體的形狀而獨立一樣。
——《相對論的意義》，《文集》第一卷

理論

不應當與經驗事實相矛盾。

——《愛因斯坦通信選》

在他探索理論時，

就不得不愈來愈聽純粹數學的形式考慮，

因為實驗家的物理經驗，

不能把他提高到最抽象的領域中去。

——《空間、以太與場》，《文集》第一卷

在這個進一步的發展階段，

經常使用所謂抽象的概念；

而只有這個階段，

語言才成為真正的推理工具。

但也正是這種發展使語言成為錯誤和欺詐的危險源泉。

一切都取決於詞和詞的組合與印象世界對應程度。

——《科學的共同語言》，《文集》第一卷

科學的概念體系與日常生活的概念體系之間

並沒有原則的區別。

科學概念體系來自日常生活的概念體系，

並且根據這門科學的目的和要求，

作了修改而得以完成。

——《空間‧時間》，《文集》第一卷

正常思維的基本概念與感覺經驗的複合之間的聯繫，

只能被直覺地了解，

它不能適應科學的邏輯規定。

全部這些聯繫，

沒有一個是能夠用概念的詞句來表達的，

是把科學這座大廈與概念的邏輯空架子

區別開來的唯一的東西。

——《物理學與實在》，《文集》第一卷

科學概念和科學語言的超國家性質，

是由於它們是由一切國家和一切時代的

最好的頭腦所建立起來的。

——《科學的共同語言》，《文集》第一卷

需要經歷一場嚴酷的鬥爭，

才得到了為理論發展所必需的獨立和絕對的空間概念。

以後要克服這種概念，

仍然也需要做同樣頑強的努力——

這一過程大概遠還沒有完結。

——《空間概念序》，《文集》第一卷

一切科學，

不論是自然科學還是心理學，
其目的都在於使我們的經驗相互協調，
並且把它們納入一個邏輯體系。
—— 《相對論的意義》，《文集》第一卷

這種在排列事物時被證明是有用的概念，
很容易在我們那裡造成一種權威性，
使我們忘記了它們的世俗來源，
而把它們當作某種一成不變的既定的東西。
這時，它們就會被打上「思維的必要性」、
「先驗的給予」等等烙印。
科學前進的道路在很長一段時期內，
常常被這種錯誤弄得崎嶇難行。
—— 《恩斯特‧馬赫》，《文集》第一卷

物理學的時間概念與科學思想以外的時間概念是一致的。
因為後者來自於個人經驗的時間次序，
而這種次序我們必須作為事先規定了的東西來接受。
—— 《空間‧時間》，《文集》第一卷

事實上，我相信，甚至可以斷言：
在我們的思維和我們的語言表達中所出現的各種概念，
從邏輯上來看，都是思維的自由創造，
它們不能從感覺經驗中歸納而得到。
—— 《羅素的認識論》，《文集》第一卷

言詞是並且永遠是空洞的，

而且通向地獄的道路總是伴隨著理想的空談。
但是人格絕不是靠所聽到的和所說出的言語，
而是靠勞動和行動來形成的。
——《論教育》，《文集》第三卷

科學力求理解感性知覺材料之間的關係，
也就是用概念來建立一種邏輯結構，
使這些關係作為邏輯結果而納入這樣的邏輯結構。
對構造全部結構的概念和規則的選擇是自由的。
只有結果才是選擇的根據。
那就是說，
選擇應當造成感性經驗材料之間的正確關係。
——《物理學基本概念的變化》，《文集》第一卷

他（指美國科學史家柯亨）始終相信，
發明科學概念，
並且在這些科學概念上面建立起理論，
這是人類精神的一種偉大創造特性。
——《與柯亨的談話》，《文集》第一卷

一般公眾對科學研究細節的了解，
也許只能達到一定的程度，
但這至少能標出這樣一個重大的收穫：
相信人類的思維是可靠的，
自然規律是普天之下皆準的。
——《科學與社會》，《文集》第三卷

大家都知道，

科學不能僅僅在經驗的基礎上成長起來，

在建立科學時，我們免不了要自由地創造概念，

而這些概念的適用性可以後驗地用經驗的方法來檢驗。

——《理論物理學問題的提法》，《文集》第一卷

從系統的理論觀點來看，

我們可以設想，

經驗科學的發展過程就是不斷的歸納過程。

人們發展起各種理論，

這些理論在小範圍內以經驗定律的形式

表達大量單個觀察的陳述，

把這些經驗定律加以比較，

就能探究出普遍性的規律。

——《理論與實驗》，《文集》第一卷

科學並不滿足於提出經驗規律；

它倒是試圖建造這樣一個邏輯體系，

這個體系是以為數最少的前提為依據，

並把一切自然規律都包括在它的結論之中。

這個體系——

或者更確切的說它所代表的許多概念的總體——

是與經驗的對象相對應的。

——《評梅耶松的書》，《文集》第三卷

對應於同一個經驗材料的複合，

可以有幾種理論，它們彼此很不相同。

但是從那些由理論得出的能夠加以檢驗的推論來看，

這些理論可以是非常一致的，

以致在兩種理論中間難以找出彼此不同的推論來。

——《理論與實驗》，《文集》第一卷

科學是這樣一種企圖，

它要把我們雜亂無章的感覺經驗與一種邏輯上

貫徹一致的思想體系對應起來。

在這種體系中，

單個經驗與理論結構的相互關係，

必須使所得到的對應是唯一的，

並且是令人信服的。

——《理論物理學基礎》，《文集》第一卷

科學並不就是一些定律的匯集，

也不是許多各不相關的事實的目錄。

它是人類頭腦用其自由發明出來的觀念和概念所作的創造。

——《物理學的進化》，《文集》第一卷

現在的經驗是人所未有的東西，

是與過去和將來在本質上都不同的東西，

然而這種重大的差別在物理學中並不出現，

也不可能出現。

這種經驗不能為科學所掌握，

對它來說，這似乎是一種痛苦但卻是無可奈何的事。

——《反對實證論及其他》，《文集》第三卷

科學是由思維依據某些先驗的原則建立起來的某種體系。

我們的科學大廈是而且應當是建築在某些原則基礎上的，

而這些原則本身卻不是來自經驗，

對此當然要毫不懷疑地加以接受。

——《相對論掄與認識論》，《文集》第一卷

一個人的智力發展和他形成概念的方法，

在很大程度上是取決於語言的。

這使我們體會到，語言的相同，

多少就意味著精神狀態的相同。

在這個意義上，

思維與語言是聯結在一起的。

——《科學的共同語言》，《文集》第一卷

科學所研究的是那些被認為——

是獨立於研究者個人而存在的關係。

這也適用於把人本身作為研究對象的科學。

科學陳述的對象還可以是我們自己創造出來的概念。

像在數學中就是那樣。

——《科學定律與倫理定律》，《文集》第三卷

物理學中沒有任何概念是先驗的必然的，

或者先驗的正確的。

唯一地決定一個概念的「生存權」的，

是它與物理事件（實驗）

是否有清晰的和單一而無歧義的聯繫。

——《認識論與空間》，《文集》第一卷

科學家所著眼的是那些可以觀察到的現象，

是關於這些現象的統覺和概念的表述。

（即綜合各種感覺的印象

而形成的關於某一事物的統一印象）

——《「空間概念」序》，《文集》第一卷

第九節

科學實驗

實驗的檢驗當然是任何理論的
有效性的一個必不可少的先決條件。
但是一個人不可能什麼事都去試一試。
——《與海森伯格的談話》，《文集》第一卷

我總認為邁克爾遜（美國物理學家）
是科學中的藝術家。
他的最大樂趣似乎來自實驗本身的優美，
和所使用方法的精湛。
他從來不認為自己在科學上是個嚴格的「專家」，
事實上確也不是——
但始終是個藝術家。
——《與香克蘭的談話》，《文集》第一卷

只要有可能，

任何實驗都應當重作，

並且使之精益求精。

——《與香克蘭的談話》，《文集》第一卷

物理學之所以對醫學有影響，

是由於它使人信任科學方法。

它還給醫生以必不可少的工具和概念。

它還誘導生物學家

以一種非常簡單的方法來處理生命現象。

——《74歲生日答客問》，《文集》第三卷

科學家的目的，

是要得到關於自然界的一個邏輯上前後一貫的摹寫。

邏輯之對於他，

有如比例和透視規律之對於畫家一樣。

——《因果性與自由意志問題》，《文集》第一卷

凡是科學研究受到阻礙的地方，

國家的文化生活就會枯竭。

結果會使未來發展的許多可能性受到摧殘。

這正是我們必須防止的。

——《科學的困境》，《文集》第三卷

外部的經歷

只不過浮光掠影，
科學的東西才是主要的。
——《關於場論以及國際聯盟》，《文集》第三卷

當人們想通過實驗來探索自然的時候，
自然變得多麼詭譎呀！
——《科學方面有兩個好消息》，《文集》第三卷

科學家必須在龐雜的經驗事實中，
抓住某些可用精密公式來表示的普遍特徵，
以探求自然界的普遍原理。
——《理論物理學原理》，《文集》第一卷

科學的目標是在發現規律，
使人們能用以把各種事實連繫起來，
並且能預測這些事實，
但這不是它的唯一的目的。
它還試圖把所發現的聯繫歸結
為數目儘可能少的幾個彼此獨立的概念元素。
正是這種把各種各樣東西合理地統一起來的努力中，
它取得了最偉大的成就，
儘管也正是這種企圖使它冒著會成為
妄想的犧牲品的最大危險。
——《科學與宗教》，《文集》第三卷

在理智的努力中，

虛假的成功往往抑制了真正的關鍵性的努力！

——《生活與工作的感受》，《文集》第三卷

企圖以理論物理學家所要求的精密性，

和邏輯完備性來重視一切比較複雜的事件，

這不是人類智力所能及的。

高度的純粹性、明晰性

和確定性要以完整性為代價。

——《探索的動機》，《文集》第一卷

科學迫使我們創造新的觀念和新的理論。

它們的任務是拆除那些——

常常阻礙科學向前發展的矛盾之情。

所有重要的科學觀念都是在跟我們的理解之間

發生劇烈衝突時誕生的。

——《愛因斯坦通信選》

如果你們想要從理論物理學

那裡發現有關他們所用方法的任何東西，

我勸你們就得嚴格遵守這樣一條原則：

不要聽他們的言論，

而要注意他們的行動。

——《理論物理學的方法》，《文集》第一卷

要斷定這些理論的原理是否符合實在，

也許需要做多年的實驗研究。

在相對論中就有這樣的例子。

—— 《理論物理學原理》，《文集》第一卷

在研究者不倦的努力後面，

潛存著一種強烈得多的，

而且也是一種比較神祕的推動力；

這就是人們希望去理解的存在和實在。

—— 《在哥倫比亞大學的講話》，《文集》第一卷

一個人要是單憑自己來進行思考，

而得不到別人的思想和經驗的激發，

那麼即使在最好的情況下，

他想的也不會有什麼價值，

一定是單調無味的。

—— 《論古典文學》，《文集》第三卷

物理學的發展顯示，

在某一時期，在所有可想像到的構造中，

總有一個顯得比別的都要高明得多。

凡是真正深入地研究過這個問題的人，

都不會否認唯一地決定理論體系的，

實際上是現象世界……

—— 《探索的動機》，《文集》第一卷

凡有強烈願望想搞研究的人，

一定會發現他自己所要走的路。

——《愛因斯坦談人生》

一個命題只要是按公認的方法從公理推導出來的，

那麼它就是正確的（真的）。

幾何學各個命題的「真理性」問題，

因此就歸結為公理的「真理性」問題。

很久以來人們就知道，

後一問題不僅是幾何方法所不能回答的，

而且它本身是根本沒有意義的。

——《狹義與廣義相對論淺說》，《文集》第一卷

邏輯簡單的東西，

當然不一定就是物理上真實的東西。

但是，物理上真實的東西一定是邏輯上簡單的東西，

也就是說，它在基礎上具有統一性。

——《引力問題使我懷疑的經驗論轉向信仰理論》

人不是機器，

要是周圍環境不允許他襟懷坦白暢所欲言的話，

人就不會生氣勃勃。

—— F・赫爾內克著《愛因斯坦傳》

這些科學的描述

不大可能滿足我們人類的需要；
關於現在有某種本質的東西恰恰是科學領域之外。
——《反實證論及其他》，《文集》第三卷

每一位嚴肅的科學工作者都痛苦地意識到，
他們被違反本意地放到一個不斷縮小著的知識領域裡。
這是一種威脅，
它會使研究者喪失廣闊眼界，
並使他下降到一個匠人的水平。
——《祝賀柏林內爾70歲生日》，《文集》第一卷

先生們，不管你們喜歡不喜歡，
科學是——並且永遠是國際的。
科學家中的偉大人物毫無例外地都知道這一點，
並且對它有強烈的感受，
甚至在國際衝突的年代，
當他們在心胸狹窄的同事中間處於孤立的時候，
也堅持如此。
——《科學的國際主義》，《文集》第三卷

有一個公式：$A = X + Y + Z$，
在這個公式中；
A ＝成功，X ＝幹活，Y ＝遊戲，Z ＝沈默。
——《愛因斯坦通信選》

要是我沒有什麼研究工作可做，

我就不想活下去了。

——《張伯倫是什麼東西》，《文集》第三卷

一個人為人民最好的服務，

是讓他們去做某種提高思想境界的工作，

並且由此間接地提高他們的思想境界。

這尤其適用於大藝術家，

在較小的程度上也適用於科學家。

當然，提高一個人的思想境界並且豐富其本性的，

不是科學研究的成果，

而是求理解的熱情，

是創造性的或者是領悟性的腦力勞動。

——《善與惡》，《文集》第三卷

一切科學陳述科學定律都有一個共同的特徵：

它們是「真的或假的」（適當的或者不適當的）。

粗略地說來，

我們對它們的反應是「是」或者是「否」。

——《科學定律與倫理定律》，《文集》第三卷

照理說，我應該在數學方面得到深造。

可是我大部分時間卻是在物理實驗室裡工作，

迷戀於與經驗直接接觸。

——《自述》，《文集》第一卷

PART 4

愛因斯坦談「哲學」

第一節

哲學與理論

如果把哲學理解為

在最普遍和最廣泛的形式中對知識的追求，

那麼，顯然哲學就可以被認為是全部科學研究之母。

可是，科學的各個領域對那些

研究哲學的學者們也發生強烈的影響，

此外，還強烈地影響著每一代的哲學思想。

——《物理學、哲學與科學的進步》《文集》第一卷

哲學的推廣必須以科學成果為基礎。

可是哲學的推廣一經建立並廣泛地被人們接受以後，

它們又常常促使科學思想的進一步發展，

因為它們能指示科學從許多可能著手的中選擇一條路線。

——《物理學的進化》，《文集》第一卷

哲學上和邏輯上的大多數錯誤，

是由於人類理智傾向於把符號當作某種實在的東西而發生的。

——《論科學》，《文集》第一卷

理性和哲學雖然看來不大可能

在不久的將來會成為人們的嚮導，

但它們一如既往，

仍將是出類拔萃的少數人最珍愛的安身立命之所。

——《哲學家與政治》，《文集》第三卷

證實一個理論的最困難的任務總是：

必須把這個理論的推論發展到——

使它們成為在經驗上可檢驗的地步。

——《與施特恩的談話》，《文集》第三卷

毫無疑問，任何科學工作，

除完全不需要理性干預的工作以外，

都是從世界的合理性和可知性這種堅定的信念出發的。

——《論科學》，《文集》第一卷

理論越向前發展，

以下情況就越清楚：

從經驗事實中是不能歸納出基本規律來的。

——《特殊與一般，直覺與邏輯》，《文集》第三卷

・赴美途中，拉小提琴自娛

・菸斗永遠不離手的愛因斯坦

科學研究的結果，

往往使那些範圍遠遠超出有限的科學領域
本身的問題的哲學觀點發生變化。
——《物理學的進化》，《文集》第一卷

認識論與科學的相互關係是值得注意的。

它們互為依存。

認識論要不與科學接觸，

就會成為一個空架子。

科學要是沒有認識——

只要這是真是可以設想的——

就是原始的混亂的東西。

——《對批評的回答》，《文集》第一卷

尋求一個明確體系的認識論者，

一旦他要力求貫徹這樣的體系，

他就會傾向於按照他的體系的意義

來解釋科學的思想內容，

同時排斥那些不適合於他的體系的東西。

——《對批判的回答》，《文集》第一卷

我相信存在著這樣一種適當的理論，

它所依據的是一種關於在空間——

時間中擴延的假想客體，

及其有規律的關係的假定。

——《關於「實在」問題的討論》，《文集》第一卷

如果人體的某一部分出了毛病，

那麼，只有很好地了解整個複雜機體的人，

才能醫好它。

在更複雜的情況下，

只有這樣的人，

才能正確地理解病因。

因此，對於醫生來說，

普遍的因果關係的深刻知識具有頭等重要意義。

——《物理學、哲學與科學的進步》，《文集》第一卷

理論的正確性是由理論的結論

與人的經驗的符合程度來判斷的。

只有通過經驗，

我們才能對實在做出一些推斷。

——《量子力學描述的完備性問題》，《文集》第一卷

各種理論之間只存在程度上的差異，

從基本概念到可以受經驗檢驗的結論的思維道路，

具有不同的長短和曲折。

——《對馬赫的評價及其他》，《文集》第三卷

一個理論可以用經驗來檢驗，

但是，並沒有從經驗建立理論的道路。

——《自述》，《文集》第一卷

一種理論的前提的簡單性越大，

它所涉及的事物的種類越多，

它的應用範圍越廣，

它給人們的印象也就越深。

——《自述》，《文集》第一卷

我深信，以統計學為基礎的理論，

儘管取得很大成功，

但還是停留在事物的表面，

人們必須以廣義相對論的原則為依據，

即以真空引力方程的推廣為依據。

——《關於統一場論》，《文集》第三卷

從邏輯觀點來看，

如果一種理論並不是從那些等價的

和以類似方式構造起來的理論中任意選出的，

那麼我們就給予這種理論以較高的評價。

——《自述》，《文集》第一卷

理論不應當與經驗事實相矛盾。

這個要求初看起來，

似乎很明顯，但應用起來卻非常傷腦筋。

因為人們常常，

甚至總是可以用人為的補充假設來使理論與事實相適應，

從而堅持一種普遍的理論基礎。

——《自述》，《文集》第一卷

我們必須把作為指向理論的一個公設的因果性，

和作為指向可觀察量的一個公設的因果性區別開來。

後者這一要求始終得不到滿足——

經驗的因果性並不存在——

而且以後還將仍然如此。

——《與施特恩的談話》，《文集》第三卷

關於宇宙的本性，

有兩種不同的看法：

1・世界是依存於人的統一整體；

2・世界是離開人的精神而獨立的實在。

——《與泰戈爾的談話》，《文集》第一卷

我們必須概括的說：

可以設想某些有廣延的物理客體，
對於它們，任何運動概念都是不能應用的。
——《以太與相對論》，《文集》第一卷

實際上，中心問題不是「因果性」問題，
而是實在的存在問題，
以及是否存在某種對於在理論上
加以描述的實在嚴格有效的（非統計學的）定律的問題。
對於可觀察事物不存在這樣的定律，
是至為明顯的。
——《要掌握事物本質是困難的》，《文集》第三卷

人們不要以為牛頓的偉大工作，
真的能夠被這一理論或者任何別的理論所代替。
作為自然哲學領域裡，
我們整個近代概念結構的基礎，
他的偉大而明晰的觀念，
對於一切時代，
都將保持著它的獨特意義。
——《什麼是相對論》，《文集》第一卷

馬赫的哲學研究，

僅僅是從這樣一種願望出發，

那就是他想獲得一種觀點，

從這種觀點出發，

他畢生所從事的各個不同科學部門

就可以理解為一種統一的事業。

——《恩斯特·馬赫》，《文集》第一卷

理性用它的那個永遠完成不了的任務來衡量，

當然是微弱的。

它比起人類的愚蠢和激情來，

的確是微弱的，

我們必須承認這種愚蠢和激情，

不論大小事情上都幾乎完全控制著我們的命運。

《牛頓》，《文集》第一卷

這個體系，理性要使它與全部實驗數據，

也就是與我們所經驗到的一切一致起來，

它必須符合科學以前關於實物世界的觀念。

因此，整個科學是建立在哲學實在論體系之上的。

——《評梅耶松的書》，《文集》第三卷

理論一旦存在，

結論也就存在，
就無法把它隱瞞起來，
不論多長時間都不行。
——《給伊薩克的信》，《文集》第三卷

我們一定要注意，
切不可把理智奉為我們的上帝，
它固然有強有力的身軀，
但卻沒有心性。
它不能領導，而只能服務；
而且它挑選它的領導人是馬馬虎虎的。
這種特徵反映在它的祭司，
即知識分子的品質中。
——《人類生活的目標》，《文集》第三卷

依我看來，
康德哲學中最重要的東西，
是他所說的構成科學的先驗概念。
現在有兩個相反的觀點：
一個是康德的先驗論，
依照它，某些概念是預先存在於我們的意識中的；
另一個是彭加勒的約定論。
兩者在這一點上是一致的，
即都認為要構成科學。
——《論康德與馬赫》，《文集》第一卷

從希臘哲學到現代物理學的整個科學史中，
不斷有人力圖把表面複雜的自然現象，
歸結為一些簡單的基本觀念和關係。
這就是一切自然哲學的基本原理。
——《物理學的進化》，《文集》第一卷

我認為，
把因果性看成現在和將來之間時間上的必然序列，
這樣一種公式是太狹窄了。
那只是因果律的一種形式——
而不是唯一的形式。
——《與施特恩的談話》，《文集》第三卷

我要指出，空間——
時間未必能被看作是一種
可以離開物理實在的實際客體而獨立存在的東西。
物理客體不是在空間之中，
而是這些客體有著空間的廣延。
——《相對論淺說，英譯本說明》，《文集》第一卷

第二節

感　覺

人們感覺到人的願望和目的都屬徒然，

而又感覺到自然界裡和思維世界裡都顯示出崇高莊嚴

和不可思議的秩序。

個人生活給他的感受好像監獄一樣，

他要求把宇宙作為單一的有意義的整體來體驗。

——《科學與宗教》，《文集》第一卷

感覺印象之間產生了某種秩序，

這種秩序的產生，

是通過普遍概念及其相互關係的創造，

並且通過這些概念與感覺經驗的某種確定的關係。

——《物理學與實在》，《文集》第一卷

我的感覺所給予我們的東西，

只有通過一種概念的構造，

才能變成一種世界觀。

因此，不能斷言可觀察的世界的後面，

不存在一個「客觀的實在」世界，

因為這種可觀察的世界本身並不存在——

也就是說，世界並不是由我們的感覺給予我們的。

——《與施特恩的談話》，《文集》第三卷

從那些看來與直接可見的真理

十分不同的各種複雜的現象中，

認識到它的統一性，那是一種壯麗的感覺。

——《失業的痛苦與探索自然界統一性的樂趣》

從哲學觀點來看，

這種世界觀與樸素實在論緊密地聯繫著，

因為，後者的擁護者認為，

我們的世界的客體是感性知覺直接給予我們的。

——《物理學、哲學與科學的進步》，《文集》第一卷

人們逐漸承認了這樣一種信念，

認為一切關於事物的認識，
不過是對感覺所提供的素材的一種加工。
——《羅素的認識論》，《文集》第一卷

我們用感性知覺只能間接地
得到關於外在世界的客體的知識。
廣義的物理學所面臨的任務，
是建立這樣一些關於實際發生的事件和現象的概念，
以便在那些為我們的感官
所感知的知覺之間確立起有規律的關係。
——《理論物理學的方法》，《文集》第一卷

各人的某些感官知覺是彼此互相對應的，
而對另一些感官知覺卻不能建立起這種對應。
那些對於各個人都是共同的感官知覺，
因而多少也是非個人所特有的感官知覺，
我們在習慣上把它們當作實在的。
——《相對論的意義》，《文集》第一卷

廣泛的事實材料對於建立可望成功的理論是必不可少的。
材料本身並不是一個演練性理論的出發點；
但是，在這材料的影響下，
可以找到一個普遍原理，
這個原理又可以作為邏輯性理論的出發點。
——《特殊與一般，直覺與邏輯》，《文集》第三卷

事實上，斷定「實在」是獨立於我的感覺而存在的，
這是理智構造的結果。
我們恰巧相信這種構造，
要超過用我們的感覺所作的那些解釋。
——《關於「實在」問題的討論》，《文集》第一卷

可是我相信，我們需要有一個概念世界，
來把我們的感覺變成可以為思想所利用的東西。
認為我們知覺到這個世界，那是幻想。
當我們說我們知覺到這個世界，
我們就已經把我們的感覺轉化成概念的東西了。
——《與施特恩的談話》，《文集》第三卷

只有我們觀察到的東西才是存在的。
但是這種說法顯然也是錯誤的，
因為可觀察的世界並不「存在」。
我們所觀察到的不是世界。
——《與施特恩的談話》，《文集》第三卷

命運總是取決於個人所感覺的、

所想要的和所做的是什麼。

——《祝賀高爾基65歲生日的賀信》，《文集》第三卷

凡是不能觀察到的，都是不存在的。

但是這種觀點在科學上是站不住腳的，

因為人們究竟「能夠」觀察到什麼，

或者「不能夠」觀察到什麼，

那是不可能作出有效的斷言的。

——《與施特恩的談話》，《文集》第三卷

即使在我們日常生活中，

我們也不得不認為我們所用的物品，

都具有離開人而獨立的實在性。

我們所以這樣認為，

那是為了要用一種合理的方式來

確定我們感官所提供的各種材料之間的相互關係。

——《與泰戈爾的談話》，《文集》第一卷

我們的一切思想和概念都是由感覺經驗引起的，

它們只有在涉及這些感覺經驗時才有意義。

——《時間·空間》，《文集》第一卷

一個人把實際觀察到的東西記在心中，
會有啟發性幫助的，
我這樣說，也許能夠更加靈活地解釋它。
但是在原則上，
試圖單靠可觀察量來建立理論，
那是完全錯誤的。
——《與海森伯格的談話》，《文集》第一卷

根據一個建立在一些
其有最大簡單性的前提之上的概念體系，
能夠「理解」所有感覺經驗的總和。
懷疑論者會說，
這是一種「不可思議的信條」。
事情雖然如此，
但是這個「不可思議的信條」
已由科學的發展給予驚人的支持。
——《廣義引力論》，《文集》第一卷

觀察是一個十分複雜的過程。

觀察下的現象，

在我們的量度裝置中產生某些事件。

結果，進一步的過程又在這套裝置中發生，

它們通過複雜的途徑，

最後產生了感覺印象，

並幫助我們把這些感受在我們的意識中固定下來。

——《與海森伯格的談話》，《文集》第一卷

我們的心理經驗包括一個豐富多采的序列：

感覺經驗，對它們的記憶形象、表象和情感。

物理學與心理學完全不同，

它只直接處理感覺經驗以及對它們之間關係的「理解」。

但是，甚至連日常思維中的實在的外在世界

這一概念也完全是以感覺印象為根據的。

——《物理學與實在》，《文集》第一卷

我們對於那些有關實在的想法表示信賴或相信，

僅僅根據於如下的事實：

這些概念和關係與我們的感覺具有「對應」的關係。

我們的陳述的「真理」內容就在這裡建立起來。

在日常生活中和在科學中就都是這樣，

—— 《給塞繆爾的信》，《文集》第一卷

在我們能夠宣稱已經在最低程度上觀察了任何東西之前，

我們必定能夠說出自然界是怎樣起作用的。

必定至少用實踐的語言知道了自然規律。

只有理論，即只有關於自然規律的知識，

才能使我們從感覺印象推論出基本現象。

—— 《與海森伯格的談話》，《文集》第一卷

如果對應於一系列外界事件的經驗的時間次序，

對於所有的人都是一樣，

那麼這種客觀化的過程就不會碰到困難，

對於那些在我們日常生活中直接的視覺來說，

這種對應是嚴格正確的。

—— 《時間·空間》，《文集》第一卷

按照樸素實在論，

事物「都是」像它們通過我們的感官而被我們知覺到的那樣。

這種幻想支配著人和動物的日常生活；

它也是一切科學，尤其是自然科學的出發點。

——《羅素的認識論》，《文集》第一卷

幾何——物理理論本身不能直接描繪出來，

因為它只是一組概念。

但是這些概念能用來把各種各樣實在的，

或者想像的感覺經驗在頭腦裡聯繫起來。

因此，使理論「形象」化，

就意味著想起那些為理論

給予系統排列的許多可感覺的經驗。

——《幾何學與經驗》，《文集》第一卷

事實上，「實在」絕不是直接給予我們的。

給予我們的只不過是我們的知覺材料；

而其中只有那些容許用無歧義的語言

來表述的材料才構成科學的原料。

從知覺材料到達「實在」，

到達理智，只有一條途徑，

那就是有意識的或無意識的理智構造的途徑，

它完全是自由地和任意地進行的。

——《關於「實在」問題的討論》，《文集》第一卷

邏輯基礎愈來愈遠離經驗事實，

而且我們從根本基礎

通向那些與感覺經驗相關聯的導出命題的思想路線，

也不斷地變得愈來愈艱難，愈來愈漫長了。

——《物理學與實在》，《文集》第一卷

雖然事件和經驗事實是整個科學的基礎，

但是它們並不構成科學的內容和它的真正本質；

它們不過是組成這門科學題材的資料。

對實驗事實之間的經驗關係的簡單觀察，

在他看來，並不代表科學的唯一目的。

——《評梅耶松的書》，《文集》第三卷

唯有經驗能夠判定真理。

然而，如果我們成功地用公式表述了

一個富有意義的、嚴謹的問題，

我們就已取得了一些成績。

不管已知的經驗事實多麼豐富，

要證實或者要駁倒都不會容易的。

——《廣義引力論》，《文集》第一卷

・愛因斯坦的神態

第三節

思維與邏輯

日常思維的基本概念與感覺經驗的複合之間的聯繫，
只能被直覺地了解，
它不能適應科學的邏輯規定。

—— 《物理學與實在》，《文集》第一卷

我們的一切思維都是概念的一種自由遊戲；
至於這種遊戲的合理性，
那就要看我們借助於它來概括感覺經驗所能達到的程度。

—— 《自述》，《文集》第一卷

我發現某種簡直使我生氣的東西；
思辨竟顯得比經驗更高超。

—— 《理論必須以經驗事實為依據》，《文集》第三卷

我覺得，

只有大膽的思辨而不是經驗的堆積，

才能使我們進步。

——《要大膽思辨，不要經驗堆積》，《文集》第三卷

作為一個普遍規律，

適度的動動腦筋不但不會妨礙醫療，

而且正像適度的體力活動一樣，

反而會間接地促進恢復健康。

——《達伏斯的大學課程》，《文集》第三卷

思想是人的組織因素，

它貫穿在作為起因的原始本能，

和作為結果而產生的行動這兩者之間。

這樣，為原始本能服務的想像和理智

就進入我們的生活之中。

——《道德與感情》，《文集》第三卷

科學的思維還有另一個特徵。

它為建立它的貫徹一致的體系，

所用到的概念是不表達什麼感情的。

對於科學家，只有「存在」，

而沒有什麼願望，沒有什麼價值，

沒有善，沒有惡，也沒有什麼目標。

——《科學定律與倫理定律》，《文集》第三卷

即使是最明晰的邏輯數學理論，

它本身也不能使真理得到保證；

要不是用自然科學中的最準確的觀察來檢驗，

它也會是毫無意義的。

　　──《開普勒》，《文集》第一卷

純粹的邏輯思維，

並不能給我們任何關於經驗世界的知識；

一切關於實在的知識，

都是從經驗開始，

又終結於經驗。

　　──《理論物理學的方法》，《文集》第一卷

為了以邏輯上最完善的方式

來正確地處理所知覺到的事實，

我們必須經常準備改變這些觀念──

也就是說，準備改變物理學的公理基礎。

　　──《麥克斯威爾的影響》，《文集》第一卷

一般可以這樣說：

從特殊到一般的道路是直覺性的，
而從一般到特殊的道路則是邏輯性的。
——《特殊與一般，直覺與邏輯》，《文集》第三卷

有些概念，比如因果性概念，
是不能用邏輯方法從經驗材料中推導出來的。
康德確信某些概念是不可缺少的，
他認為這些概念——
它們正是這樣挑選出來的——
是任何思維的必要前提，
並且把它們同那些來自經驗的概念區別開來。
但是，我相信，這種區別是錯誤的，
那就是說，它不是按自然的方式來正確對待問題的。
——《自述》，《文集》第一卷

通過特殊的想像構造，
我們可以毫無困難地給這些觀念
以更大的深度和活力……
我今天唯一的目的是要指出，
人的形象思維對於歐幾里得幾何
絕不注定是無能為力的。
——《幾何學與經驗》，《文集》第一卷

命題如果是在某一邏輯體系裡

按照公認邏輯規則推導出來的，

它就是正確的。

體系所具有的真理內容，

取決於它與經驗總和的對應可能性的可靠性和完備性。

——《自述》，《文集》第一卷

一個概念愈是普遍，

它愈是頻繁地進入我們的思維之中；

它與感覺之間的關係愈間接，

我們要了解它的意義也就愈困難；

對於那些我們從童年時代起，

就用慣了的科學以前的概念來說，尤其是如此。

——《空間‧時間》，《文集》第一卷

任何一種思辨思維，

它的概念經過比較仔細的考察之後，

都會顯露出它們所產生的經驗材料。

把經驗的態度與演繹的態度截然對立起來，

那是錯誤的，而且也不代表伽利略的思想。

——《伽利略對話序》，《文集》第一卷

從純邏輯看來，

一切公理都是任意的，

倫理公理也是如此。

但是從心理學和遺傳學的觀點看來，

它們絕不是任意的。

它們是我們天生的避免苦痛和滅亡的傾向，

也是從個人所積累起來的，

對於他人行為的感情反應推導出來的。

——《科學定律與倫理定律》，《文集》第三卷

它們（指思維和概念）

又都是我們頭腦的自發的產物；

所以它們絕不起這些感覺經驗內容的邏輯推論。

因此，如果我們要掌握抽象觀念複合的本質，

我們就必須一方面研究這些概念

與那些對它們所作的論斷之間的相互關係；

另一方面，我們還必須研究它們

與經驗是怎樣聯繫起來的。

《空間·時間》，《文集》第一卷

第四節

規　律

相信那些對於現存世界有效的規律，

能夠是合乎理性的，

也就是說，

可以由理性來理解的。

——《科學與宗教》，《文集》第三卷

相信自然現象必然遵守因果規律，

歸根究底僅僅是以有限的成就為基礎的，

這些成就是作為人類理智

為確立自然現象之間的相互關係，

所作的努力的結果而獲得的。

——《物理學基本概念的變化》，《文集》第一卷

真正的定律不可能是線性的，

而且也不可能從這些線性方程中得到。

——《自述》，《文集》第一卷

人們斷言，

一切自然規律「在原則」上都是統計性的，

只是由於我們觀察操作不完善，

我們才受騙去信仰嚴格的因果性。

——《物理學基本概念的變化》，《文集》第一卷

認為普遍定律的適當表達方式，

必然要利用完備描述所必需的一切概念元素，

這種期望，對於我則更加自然。

而且，完全不必奇怪，

在應用不完全描述時，

從這樣的描述中所能得出的，

（大概）只是統計性的陳述。

——《對批判的回答》，《文集》第一卷

自然界是這樣構成的，

它使得人們在邏輯上有可能規定

這樣一些十分確定的定律，

而在這些定律中，

只能出現一些完全合理地確定了的常識。

——《自述》，《文集》第一卷

我認為要取得真正的進步，

我們必須再一次找一個更加真正符合自然的普遍原理。

—— 《對幾種統一場論的評價》，《文集》第三卷

原始人根據與自己的意志活動的類比，

企圖把所有發生的事件，

都歸因於某種看不見的精靈的意志的表現。

因此，關於對自然界作嚴格因果解釋的假設

並不是起源於人類精神。

它是人類理智長期適應的結果。

—— 《物理學基本概念的變化》，《文集》第一卷

如果客體在某一時刻的狀態完全是已知的，

那麼，它們在任何時刻的狀態，

就完全是由自然規律決定的。

當我們談論「因果性」時，指的就是這一點。

—— 《物理學、哲學與科學的進步》，《文集》第一卷

規律絕不會是精確的，

因為我們是借助於概念來表達規律的。

而即使概念會發展，

在將來仍然會被證明的底層，

都會留著絕對正確的教條的痕跡。

—— 《論科學》，《文集》第一卷

因果性

只是兩個間斷之間的一種聯繫。
這就構成了因果律，
因為它符合廣義相對論。
——《與施特恩的談話》，《文集》第二卷

我們也可以（而且確實應該）
設想世界是服從一定規律的，
但這些規律只是思維的安排能力所造成的，
就像語言中字母的排列順序那樣的規律。
但是，像牛頓引力理論所創造的規律性
則是一種完全不同性質的規律性。
即使這個理論中的公理是人造的，
但是理論的完全成功暗示了客觀世界的高度規律性。
——《客觀世界的規律性與奇蹟》，《文集》第一卷

可是科學家卻一心一意相信普遍的因果關係。
在他看來，未來與過去一樣，
它的每一個細節都是必然的和確定的。
——《科學的宗教精神》，《文集》第一卷

現在我們相信，
控制自然界的規律，
要比今天我們說某一事件是
另一事件的原因時所猜測的更為嚴格和更有束縛力。
——《因果性與自由意志問題》，《文集》第一卷

對於實在狀態恰恰不存在任何規律，

因而，對它的完全描述是無意義的。

換句話說，這意味著：

規律所涉及的不是事物本身，

而只涉及我們通過觀察所感知的東西。

——《要大膽思辨，不要經驗堆積》，《文集》第三卷

作為理論物理學結構基礎的普遍定律，

應當對任何自然現象都有效。

有了它們，就有可能借助於

單純的演繹得出一切自然過程（包括生命）的描述，

也就是說，得出這些過程的理論，

只要這種演繹過程並不太多地超出人類理智能力。

——《探索的動機》，《文集》第一卷

我們能夠描述自然界，

而自然界的規律不是只講可能性及其變化，

而是講實體在時間上的變化。

我不是一個實證論者，

我相信外部實在的世界構成一個我們不可放棄的基礎。

——《與施特恩的談話》，《文集》第三卷

第五節

方　法

理論家的方法，

在於應用那些作為基礎的普遍假設或者「原理」，

從而導出結論。

他必須首先發現原理，

然後從這些原理推導出結論。

——《理論物理學原理》，《文集》第一卷

我對自然知識的興趣，

無疑地也比較強；

而且作為一個學生我還不清楚，

在物理學中，

通向更深入的基本知識的道路

是與最精密的數學方法聯繫著的。

——《自述》，《文集》第一卷

適用於科學

幼年時代的以歸納為主的方法，
正在讓位給探索性的演繹法。
——《空間、以太與場》，《文集》第一卷

科學方法帶給人類哪些希望和憂慮呢？

我不認為這是提問題的正確方法。

這個工具在人的手中究竟會產生出些什麼，

那完全取決於人類所嚮往的目標的性質。

只要存在著這些目標，

科學方法就提供了實現這些目標的手段。

可是它不能提供這些目標本身。

科學方法本身不會引我們到哪裡去的，

要是沒有追求清晰理解的熱忱，

甚至根本就不會產生科學方法。

——《科學的共同語言》，《文集》第一卷

形成概念的科學方法之不同於

我們在日常生活中所用的方法的，

不是在根本上，

而只是在於概念和結論有比較嚴格的定義；

在於實驗材料的選擇比較謹慎和有系統；

同時也在於邏輯上比較經濟。

——《理論物理學基礎》，《文集》第一卷

正確的命題，

是從它所屬的體系的真理內容中取得其「真理性」的。

——《自述》，《文集》第一卷

一切方法的背後如果沒有一種生氣勃勃的精神，

它們到頭來都不過是笨拙的工具。

但是如果渴望達到這個目標的念頭

是強烈的活躍在我們的心裡，

那麼我們就不會缺少幹勁，

去尋找達到這個目標並且把它化為行動的方法。

——《自述》，《文集》第一卷

要達到關於知識的理論，

不可能通過對邏輯性的思維和思辨進行分析，

而只能通過對經驗的觀察資料進行考查和直覺的理解。

——《評梅耶松的書》，《文集》第三卷

只有在邏輯聯繫方面，

科學才能為道德問題提供一定的規範，

也只有在怎樣實現道德所企求的目標這個問題上，

科學才能提出一些方法。

至於怎樣決定這些道德的目標的本身，

就完全超出科學的範圍了。

——《對實在的理性本質的信賴及其他》

做同樣的工作，它的出發點，

可以是恐怖和強制，

可以是追求威信和榮譽的好勝心，

也可以是對於對象的誠摯的興趣、

和追求真理與理解的願望，

因而，也可以是每個健康兒童都具有的天賦的好奇心。

——《論教育》，《文集》第三卷

科學方法所能告訴我們的，

不過是各種事實是怎樣相互聯繫，相互制約的。

而想要獲得這種客觀知識的志向，

則是人們能有的一種最高尚的志向。

——《目標》，《文集》第三卷

暫時的成功較之原則性的考慮，

對於幾乎所有的人，

都具有更大的說服力，

時興的東西總是使人迷惑，即使在一段時間內。

——《對量子力學的看法》，《文集》第三卷

這種不可分割性（指大小問題的辯證關係）

不僅適用於道德問題，

而且也適用於政治問題；

因為要是不從小問題與大問題相互依存的關係上來了解，

就不能適當地評價小問題。

——《為以色列「獨立紀念日」準備的未完成講稿》

因為我們愛好「理解」，

就是愛好通過邏輯過程，

把現象歸結為某種已知的、

或者（看來是）明顯的東西。

當我們碰到不能用現有理論去「解釋」的新事實時，

首先必需的是新理論。

但是建立這種新理論的動機，

可以說是平凡的，

是從外面強加上去的。

另外還有一種重要性並不更小些的比較微妙的動機。

這就是力求整個理論前提的統一和簡化。

——《廣義引力論》，《文集》第一卷

認為用強制和責任感就能增進觀察和探索的樂趣，

那是嚴重的錯誤。

我想，即使是一頭健康的猛獸，

當牠不餓的時候，

如果有可能用鞭子強迫牠不斷的吞食，

特別是，當人們強迫餵給牠吃的食物

是經過適當選擇的時候，

也會使牠喪失其貪食的習性的。

——《自述》，《文集》第一卷

但是，在我看來，理論的原則上的統計性，

肯定不過是描述不完全的後果。

這裡並不涉及理論的決定論性質；

只要人們還不知道要確定

「初態」（起始式樣）時需要給予些什麼，

理論的決定論的性質，

當然就是一個完全模糊的概念。

——《實在與完備的描述》，《文集》第一卷

用盡可能簡短的形式，

來表述一系列概念的進程，

而又足以完整地把發展的連續性徹底保存下來，

那是有點吸引人的。

我們要盡量按照這樣的方式來處理相對論，

並且要表明全部的進程

是由許多微小的而幾乎自明的思考步驟所組成。

——《相對論發展簡述》，《文集》第一卷

如果有人贊成把人類從地球上消滅掉作為一個目標，

人們就不能從純理性的立場來駁倒這種觀點。

但是如果有些目標和價值是大家一致同意的，

人們就能夠合理地來議論達到這個目標的手段。

——《自由與科學》，《文集》第三卷

像我們這種工作，

需要注意兩點：

毫不疲倦的堅持性，

和隨時準備拋棄我們之花費了

許多時間和勞動的任何東西。

——《愛因斯坦通信選》

愛因斯坦年表

一八七九年　三月十四日生於德國烏耳姆市。父母均為猶
　　　　　太人。父親是電器工廠的小業主。

一八八〇年　全家遷居慕尼黑。

一八八四年　對指南針產生強烈興趣和好奇心。進天主教
　　　　　小學讀書。

一八八五年　開始學習小提琴。

一八八九年　進慕尼黑的教會中學，對德國的軍國主義教
　　　　　育感到窒息。

一八九一年　在醫學院大學生塔爾梅的引導下，讀通俗科
　　　　　學讀物，破除了宗教迷信思想；隨後又自學
　　　　　歐幾里得的幾何學。

一八九二年　開始讀康德的哲學著作。

一八九四年　全家遷往義大利米蘭。起因是厭惡德國學校
　　　　　生活，四月隻身離開慕尼黑前去米蘭，後又
　　　　　去日內瓦旅遊。

一八九五年　自學完微積分。投考瑞士蘇黎世工業大學，
　　　　　未錄取。十月轉學到瑞士的中學。
　　　　　開始思索空間、時間問題，並寫出論文〈磁
　　　　　場以太狀態之研究〉。

一八九六年　十月，進蘇黎世聯邦工業大學學習物理。

一八九七年　大學四年大部分時間都花在物理實驗室中。
　　　　　讀馬赫《力學史》。

一九〇〇年　八月，畢業於蘇黎世工業大學。

一九〇一年　二月，取得瑞士國籍。

三月，去米蘭找工作，未果。

五月，回瑞士，在技術學院當代課教師。

七月，失業後任家庭教師。冬季又失業。

十二月，申請去伯恩瑞士專利局工作，但無回音。在《物理雜誌》上發表第一篇科學論文〈由毛細管現象所得之推論〉。

一九〇二年　二月，遷居伯恩。

三月，結識索洛文，經常共同討論哲學和科學問題，此一活動持續到一九〇五年，他們自己戲稱為「奧林比亞科學院」。發表〈熱平衡和熱力學第二定律的分子運動論〉獨立發現熱力學的統計理論。

六月，受聘為伯恩瑞士專利局的試用三級技術員，結束失業生涯。

一九〇三年　一月與同學米列娃·瑪麗克結婚。

一九〇四年　九月由專利局的試用人員轉正式三級技術員。長子出生。

一九〇五年　三月，提出光量子論，是人類歷史上首次揭示了微觀客體的波粒二象性，並解決了光電效應問題。

四月，向蘇黎世大學提出學位論文〈分子大小的新測定法〉，取得博士學位。

五月，完成布朗運動理論的研究。其結果在
三年後由實驗證實。

六月，完成〈論動體的電氣力學〉，完整地
提出狹義相對論，揭示了空間和時間的本質
聯係，引起物理學理論的革命。

九月，提出質能相當關係，為四十年後原子
能的利用鋪路。

一九〇六年　四月，升任專利局二級技術員。

十一月，用量子論解決低溫時固體比熱問
題。

一九〇七年　開始研究引力場理論，提出均勻引力場與均
勻加速度的等效原理。

一九〇八年　十月，兼任伯恩大學教師。

一九〇九年　七月，接受日內瓦大學名譽博士。

九月，會見了普朗克等，發表〈關於輻射本
質和結果觀點之發展〉。

十月，離開伯恩專利局，轉任蘇黎世大學理
論物理學副教授。

一九一〇年　次子出生。

一九一一年　三月，任布拉格德國大學理論物理學教授。

一九一二年　二月，埃倫菲斯特來訪，結為莫逆之交。

十月，回瑞士，任母校蘇黎世工業大學理論
物理學教授。

開始探索廣義相對論。

一九一三年　七月，普朗克來訪，聘他為柏林威廉皇帝物理研究所所長兼柏林大學教授。

十二月，發表〈廣義相對論和引力理論綱要〉，提出引力的度規場理論。

一九一四年　四月，從蘇黎世遷居到柏林。

八月，第一次世界大戰爆發。

十月，拒絕在德國文化界名流為戰爭辯護的宣言〈告文明世界書〉上簽名，而在與它針鋒相對的〈告歐洲人書〉上簽名。

十一月，參加發起組織反戰團體〈新祖國同盟〉（一九一六年二月被禁之後，變成地下組織）。

一九一五年　三月，寫信給羅曼·羅蘭，支持他的反戰態度，並於九月到瑞士與他會見。與德·哈斯共同發現轉動磁性效應。

十一月，提出廣義相對論引力方程完整形式；成功地解釋了水星近日點運動。

一九一六年　三月，完成總結性論文〈廣義相對論的基礎〉。

為馬赫死發表長篇悼念文章。發表〈福射的量子理論〉，用量子躍遷觀念堆出普朗克輻射公式，並提出受激輻射理論，奠定激光

（雷射）技術的理論基礎。首次推行關於引力波的探討。

一九一七年　年初患嚴重胃病。發表宇宙學的開創性論文〈根據廣義相對論對宇宙學所作的考查〉，提出宇宙空間有限無界假說。出版《狹義與廣義相對論淺說》。

一九一九年　一～三月，在蘇黎世講學。

二月，與米列娃離婚，但始終保持友誼。

六月，與表姐（也是堂姐）愛莎結婚。秋領導德國知識分子抗議帝國主義對蘇俄的「飢餓封鎖」。

九月，獲悉英國天文學家觀察日蝕的結果，十一月六日消息公布，全世界為之轟動。英國皇家學會會長湯姆遜認為愛因斯坦的理論是「人類思想史最偉大的成就之一」。

一九二〇年　八～九月，德國出現反相對論運動，因遭到惡毒攻擊而起來公開應戰。

十月，發表〈以太與相對論〉的報告。羅素在中國講學時，聲稱愛因斯坦是當代最偉大的人物之一。

一九二一年　一月在普魯士學院發表〈幾何學與經驗〉。

四～五月，與猶太復國運動首領魏茲曼訪美，在普林斯頓講〈相對論的意義〉。

一九二二年　三～四月，訪問法國，發表關於相對論與馬
赫哲學關係的談話。

五月，參加國際聯盟知識界合作委員會的工
作。

六月，摯友拉特瑙被暗殺，發表抗議聲明和
悼念文章。

七月，受到被謀殺的威脅，離開柏林暫避。

十月，起程赴日本講學，途經印度，十一月
十三日船到上海停一天，接到獲得一九二一
年度諾貝爾物理學獎的通知。十一月十七日
抵達日本。在日本逗留七個星期。十二月
三十一日途經上海，滯留兩天。

一九二三年　一月二日離開上海，去巴勒斯坦訪問，後又
訪問西班牙，三月才回到柏林。

三月，因對國際聯盟知識界合作委員會不
滿，提出辭職。

七月，到哥特堡參加一九二一年度諾貝爾獎
頒獎典禮，德國報紙謠傳他去蘇聯旅行。

十一月，受到法西斯分子威脅，到萊頓躲
避。開始著手統一場論的研究。

一九二四年　對德布羅意的物質波假說表示熱烈支持。提
出單質子理想氣體的量子統計理論，即玻
色—愛因斯坦統計表。受伯恩斯坦委託，審

讀恩格斯〈自然辯證法〉遺稿。

一九二五年　春季，去南美洲訪問。發表〈歐幾里得與物理學〉。

一九二六年　春與海森伯格討論關於量子力學的哲學問題。

一九二七年　二月，在巴比塞起草的反法西斯宣言上簽名。參加國際反帝國主義大同盟，被推為名譽主席。

　　　　　　十月，發表〈牛頓力學及其對理論物理學發展的影響〉。

一九二八年　春因病到瑞士達伏斯療養，發表〈物理學的基本概念及其最近的變化〉。

　　　　　　四月，海倫‧杜卡斯開始擔任愛因斯坦終身的私人祕書。

一九二九年　二月，發表〈統一場論〉。

　　　　　　三月，五○歲生日，柏林市民為他舉行盛大慶祝，他卻躲到郊外。

　　　　　　四月公開表述〈我信仰斯賓諾沙的上帝〉的信念。

　　　　　　九月，以後與法國數學家阿達馬進行關於戰爭與和平問題的討論，堅持無條件地反對一切戰爭。

一九三○年　七月，與泰戈爾討論真理的客觀性問題。

十月，起程赴美國加利福尼亞講學。

發表〈我的世界觀〉、〈宗教與科學〉等文章。

一九三一年　三月，由美國回到柏林。

五月，訪問英國，在牛津講學。

十一月，號召各國對日本經濟封鎖，以制止其對中國的軍事侵略。

十二月，再度到美國加利福尼亞講學。對一九三一年國際裁軍會議抱持極大幻想，為此發表一系列文章和演講。發表〈麥克斯威爾對物理實在觀念發展的影響〉。

一九三二年　三月，從美國回柏林。

五月，去劍橋和牛津講學，後趕到日內瓦列席裁軍會議，感到極度失望。

六月，與墨菲作關於因果性關係的談話。

七月，與弗洛伊德通信，討論戰爭的心理問題。號召德國人民起來保衛魏瑪憲法，全力反對法西斯。

十二月，第三次去加利福尼亞講學。

一九三三年　三月，發表不回德國聲明，

納粹搜查他的房屋，他發表抗議，後他在德國的財產被沒收，著作被焚。

五月，指出科學家對重大政治問題不應默不

作聲。

六月，到牛津講學，發表〈理論物理學的方法〉。

七月，改變絕對和平主義態度，號召各國青年武裝起來與納粹德國作殊死戰。

九月，納粹以二萬馬克懸賞殺死他的人。他躲避納粹特務暗殺，逃往英國。

九月，摯友埃倫菲斯特厭世自殺。後為他寫悼念文章。

十月，在倫敦發表演講〈文明與科學〉，離開英國，到達美國，應聘為普林斯頓高級研究院教授。

一九三四年　出版《我的世界觀》。

一九三五年　為使諾貝爾和平獎金贈予關在納粹集集中營的奧西茨基而奔走。

一九三六年　研究廣義相對論的運動問題。

發表〈物理學與實在〉，〈論教育〉。

一九三七年　三～九月，與英費爾德合作寫〈物理學的進化〉。

一九三八年　九月，給五千年後的子孫寫信，對資本主義社會現狀表示不滿。

一九三九年　八月，上書羅斯福總統，建議美國致力原子能研究，防止德國領先製造原子彈。

一九四〇年　　五月，發表〈理論物理學基礎〉。

致電羅斯福，反對美國的中立政策。

十月，取得美國國籍。

一九四一年　　發表〈科學與宗教〉等文章。

一九四二年　　十月，在猶太人援蘇集會上熱烈讚揚蘇聯各方面的成就。

一九四三年　　五月，以科學顧問身分參與美國海軍工作。

一九四四年　　發表對羅素的認識論的評論。秋天幫助羅斯福競選第四次連任總統。

十二月，與玻爾討論原子武器和平問題，聽從玻爾勸告，暫時保持沉默。

一九四五年　　九月，以後連續發表一系列關於原子戰爭和世界政府的言論，主要有：〈要原子戰爭還是要和平〉、〈戰爭是贏了，但和平卻還沒有〉。

一九四六年　　一月，為擬議中的美國科學家會議準備書面發言，抗議美國的法西斯化政策。

五月，發起組織〈原子科學家非常委員會〉，擔任主席。

五月，接受黑人林肯大學名譽博士學位。

一九四七年　　繼續發表大量關於世界政府的言論。

九月，發表公開信建議把聯合國改組為世界政府，受到蘇聯科學家嚴厲批評。

一九四八年　抗議美國實行普遍軍事訓練。發表〈量子力
　　　　　　學與實在〉。

一九四九年　一月，寫〈對批判的回答〉。

一九五〇年　二月，發表電視演講，反對美國製造氫彈。
　　　　　　四月，發表〈廣義相對論〉。《晚年集》出
　　　　　　版。

一九五一年　連續發表文章和信件，指出美國的擴軍備戰
　　　　　　政策是世界和平的嚴重障礙。

一九五二年　發表〈相對論與空間問題〉、〈關於一些基
　　　　　　本概念的緒論〉。
　　　　　　十一月，以色列第一任總統魏茲曼死後，以
　　　　　　色列政府請他任總統，被拒絕。

一九五三年　五月，給受迫害的教師弗勞因格拉斯寫信，
　　　　　　號召美國知識分子起來堅決抵抗法西斯迫
　　　　　　害。發表〈非對稱場的相對論性理論〉和
　　　　　　〈空間概念序〉。

一九五四年　三月，七十五歲生日，號召美國人民起來與
　　　　　　法西斯勢力進行鬥爭。
　　　　　　被美國法西斯頭子麥卡錫公開斥責為「美國
　　　　　　的敵人」。
　　　　　　秋，臥病數月。
　　　　　　十一月，在雜誌上發表聲明不願在美國當科
　　　　　　學家，寧願做一個水管工或小販。

一九五五年　　三月，被美國法西斯分子大肆攻擊為「顛覆分子」。

二～四月，與羅素通信討論宣言問題，並在宣言上簽名。

三月，寫《自述片段》，回憶青年時代的學習和科學探索過程。

四月，在草擬一篇對以色列電視講話稿時發生嚴重腹痛，後診斷為動脈出血。

四月十八日逝世。遵其遺囑：不行葬儀，不做墳墓，不立紀念碑。

國家圖書館出版品預行編目資料

```
愛因斯坦格言集，林郁主編，
  初版，新北市，新視野 New Vision，2019.10
    面；  公分 --
    ISBN 978-986-98077-3-9（平裝）
1.愛因斯坦（Einstein, Albert, 1879-1955）
2.學術思想   3.格言

192.8                                    108013385
```

愛因斯坦格言集

主　　編　林郁
出　　版　新視野 New Vision
製　　作　新潮社文化事業有限公司
　　　　　電話 02-8666-5711
　　　　　傳真 02-8666-5833
　　　　　E-mail：service@xcsbook.com.tw

印前作業　東豪印刷事業有限公司
印刷作業　福霖印刷有限公司

總 經 銷　聯合發行股份有限公司
　　　　　新北市新店區寶橋路 235 巷 6 弄 6 號 2F
　　　　　電話 02-2917-8022
　　　　　傳真 02-2915-6275

初版一刷　2019 年 10 月